音声ダウンロード

 音声再生アプリ「リスニング・トレーナー」(無料)

朝日出版社開発のアプリ、「リスニング・トレーナー(リストレ)」を使えば、教科書の音声をスマホ、タブレットに簡単にダウンロードできます。どうぞご活用ください。

まずは「リストレ」アプリをダウンロード

≫ App Store はこちら　　　　　≫ Google Play はこちら

アプリ【リスニング・トレーナー】の使い方

①　アプリを開き、「コンテンツを追加」をタップ

②　QRコードをカメラで読み込む

③　QRコードが読み取れない場合は、画面上部に `55709` を入力し「Done」をタップします

QRコードは(株)デンソーウェーブの登録商標です

Web ストリーミング音声

https://text.asahipress.com/free/korean/santeiparansetyukyu/index.html

三訂版

パランセ
韓国語
中級

ハングル能力検定試験 4 級完全準拠

金京子

朝日出版社

装丁・本文イラスト－申智英^{シンチヨン}・金知海^{キムジヘ}・メディアアート

練習問題イラスト－洪薫子^{ホンフンジャ}・メディアアート

本書の構成と使い方

◇ 本書は、ハングル能力検定試験4級の文法や単語をベースに16課で構成されています。

◇ 各課は6ページで構成されています。

　　　1～2ページ：タイトル、学習目標、文法のポイントと練習問題

　　　3～4ページ：単語と例文、ダイアローグ、発音のポイント

　　　5～6ページ：読解力・聞き取り力Check、単語力Up、練習問題

◇ 単語と例文の見方は次の通りです。

　　　＿（下線）　　　日本語と同一の漢字語　　　　　　　　　例）동물　動物 (p.12)

　　　（　）　　　　　日本語と異なる漢字語　　　　　　　　　例）근처(近処)　近所 (p.74)

　　　［　］　　　　　発音のルールによる表記 (連音化を除く)　例）중학교[중학꾜] (p.12)

　　　(하)　　　　　　名詞에하다がつく「하다動詞」　　　　　　例）졸업(하)　卒業 (する) (p.12)

　　　＜　＞　　　　　変則用言　　　　　　　　　　　　　　　例）모으다＜으＞　集める (p.12)

　　　3級　準2級　　4級より上の単語のレベルを表す

◇「ハングル能力検定試験4級」模擬テストを設けました。力試しにご利用ください。

◇ 音声が収録された部分には ♪ マークがついています。数字はトラック・ナンバーを表しています。

◇ 巻末には付録として「ハングル能力検定試験」4級の助詞、接辞・依存名詞、語尾、慣用表現、あ
　いさつの言葉などをまとめています。また本書に収録されているすべての単語(約700個)の単語集
　(韓日)を収録しています。

◎　パランセは、青い鳥という意味の韓国語です。

はじめに

『パランセ韓国語 中級』は、大学や市民講座などで韓国語の初級レベルを終えた学習者のために執筆したものです。本書は 2010 年「初版」以来幸いにも好評を博してきました。その後 2015 年の「改訂版」を経て、この度「三訂版」を出すことになりました。学習の内容は、ハングル能力検定試験 4 級（2022 年「改訂版」）に準拠し、『パランセ韓国語 初級』と同様に文法や単語を先に学習してから会話へ進むという構成です。特に辞書なしでも学習できるように「単語と例文」を中心に位置づけ、初級の学習内容を復習しながら繰り返し提示し、初級から中級へと無理なくステップアップできるのが、このテキストの特徴です。

学習法としてお勧めしたいのは、単語を覚える際には文字だけではなく発音や連語・例文なども一緒に覚えること、本文の音読の際には声を出して読みながら日本語の意味をも同時に考えるという習慣をつけることです。本文の内容は、状況や場面に応じた自己紹介や家族の紹介、出会い、訪問、食事、注文、日記など日常的な内容で構成されています。韓国語を日本語に訳すだけではなく、ぜひ主人公の藤井恵美と那須亮太になりきり、場面ごとのフレーズを自分のストーリーに置き換えて、使ってみてください。最後まで学習すれば、日常会話はもちろん、新聞やドラマなどで使われる生の韓国語が十分楽しめることでしょう。

本書は、私家版テキストを大学や市民講座で使用しながら修正し、完成させたものです。学習者の生の反応を励みに「文法と会話のバランスの取れた」テキストに仕上げることができました。どうもありがとうございました。また誤字など見落としがちなところをチェックして下さった鄭育子さん、高正子さん、田平稔さん、文貞愛さん、藤井たけしさん、尹眞姫さん、練習問題のかわいいイラストを描いて下さった洪薫子さんに感謝いたします。

このテキストを手にしたみなさんが、確かな韓国語学習の手応えを感じられますように。

著者

◇ ハングル能力検定試験は毎年 6 月と 11 月に 2 回行われます。詳細についてはハングル能力検定協会のHP（http://www.hangul.or.jp/）をご参考ください。

目　次

文法用語と復習 ……………………………………………………… 6

文法と会話編

登場人物 ………………………………………………………… 9

第1課　졸업하고 유학을 가려고 해요 ………………… 10
　　　　卒業して留学するつもりです
　　　　　　　　　　　　　　　　　　*① – 고　② – 지만
　　　　　　　　　　　　　　　　　　*「 – 고」を含む慣用表現　* – 려고 / 으려고

第2課　제 소개를 하겠습니다 ……………………… 16
　　　　自己紹介をします
　　　　　　　　　　　　　　　　　　* – 아서 / 어서
　　　　　　　　　　　　　　　　　　*①라고　② – (이)라고 하다　* – 게

第3課　소설가가 꿈이라고요? ……………………… 24
　　　　小説家が夢ですって？
　　　　　　　　　　　　　　　　　　* – (이)라고요(?)
　　　　　　　　　　　　　　　　　　* – 밖에（助詞）　* – 네요

第4課　잠을 잘 못 잤어요 …………………………… 30
　　　　よく眠れませんでした
　　　　　　　　　　　　　　　　　　*①못 –　② – 지 못하다
　　　　　　　　　　　　　　　　　　* – 거든요

第5課　오른쪽으로 50미터 가면 돼요 …………… 38
　　　　右の方に50メートル行けばいいです　* – 면 / 으면　*「 – 면 / 으면」を含む慣用表現
　　　　　　　　　　　　　　　　　　* – 아요 / 어요（勧誘・命令）

第6課　이메일 주소도 알려 주면 좋겠어요 ………… 44
　　　　メールアドレスも教えてほしいです　* 連用形　* 連用形を含む慣用表現
　　　　　　　　　　　　　　　　　　* ㄷ変則

第7課　휴일에는 뭐 하고 지내요? …………………… 52
　　　　休日は何をして過ごしますか　* 連体形①
　　　　　　　　　　　　　　　　　　* – 라도 / 이라도（助詞）

第8課　커피를 마신 후 집을 나왔어요 …………… 58
　　　　コーヒーを飲んだ後、家を出ました　* 動詞の過去連体形を含む慣用表現
　　　　　　　　　　　　　　　　　　* – 러 / 으러　* 으変則

第9課　놀러 가도 돼요? ……………………………… 66
　　　　遊びに行ってもいいですか　* 連体形②
　　　　　　　　　　　　　　　　　　* – 아도 / 어도

第 10 課　　**맛있는 밥을 지어 줄게요** ·· 72
　　　　　　おいしいご飯を作ってあげますね　　＊未来連体形のつく語尾
　　　　　　　　　　　　　　　　　　　　　　　＊것(거)　＊ㅅ変則

第 11 課　　**저도 운동을 해야 돼요** ·· 80
　　　　　　私も運動をしなければなりません　　＊未来連体形を含む慣用表現
　　　　　　　　　　　　　　　　　　　　　　　＊- 아야 / 어야　＊- 나 / 이나（助詞）

第 12 課　　**따뜻한 차라도 드시겠어요?** ·································· 86
　　　　　　温かいお茶でも召し上がりますか　　＊- 십시오 / 으십시오　＊- 겠 -
　　　　　　　　　　　　　　　　　　　　　　　＊르変則

第 13 課　　**어두우니까 불을 켤까?** ·· 94
　　　　　　暗いから電気をつけようか　　　　　＊- 니까 / 으니까　＊때문에
　　　　　　　　　　　　　　　　　　　　　　　＊ㅂ変則

第 14 課　　**지방에 간다고 했어요** ·· 100
　　　　　　地方に行くと言っていました　　　　＊한다体の平叙形　＊平叙形の引用文
　　　　　　　　　　　　　　　　　　　　　　　＊- 지 말다

第 15 課　　**텔레비전 좀 꺼 줘** ·· 108
　　　　　　テレビをちょっと消して　　　　　　＊해体　＊① - 자　②勧誘形の引用文
　　　　　　　　　　　　　　　　　　　　　　　＊- 아서요 / 어서요

第 16 課　　**오빠의 비밀** ·· 116
　　　　　　お兄さんの秘密　　　　　　　　　　＊- ㄴ/은 적이 있다/없다
　　　　　　　　　　　　　　　　　　　　　　　＊- ㄹ/을 수 있다/없다　＊ㅎ変則

◆発音のルール /22　◆身体 /36　◆「ㄹ語幹用言」 /50　◆一日の行動 /64　◆歌 /65
台所 /78　連体形のまとめ /92　◆「한다体」と「해体」 /106　◆間違えやすい助詞 /107
◆副詞 /114　◆変則用言のまとめ /122　連語・慣用句(4 級) /124
◆もっと知りたい！ さまざまな表現 /126

ハングル能力検定試験 4 級模擬テスト ·················· 37, 51, 79, 93, 115, 123

부록［付録］ ·· 128
　　ハングル能力検定試験 4 級（接辞・依存名詞、助詞、文法、慣用表現、あいさつ・あいづちなど）
　　文法索引
　　単語集（韓国語 → 日本語）

文法用語と復習

1 文法用語

1）体言

名詞や代名詞、数詞を体言といいます。

| 母音体言 | 体言の最終音節が母音（パッチム無）のもの。　例）어머니 |
| 子音体言 | 体言の最終音節が子音（パッチム有）のもの。　例）가방 |

2）用言

文の述語になるもので、動詞・形容詞・指定詞・存在詞があります。用言の見出し語は原形（基本形・辞書形）といい、すべて「- 다」で終わります。

動　詞	가다, 보다, 먹다, 읽다, 공부하다など
形容詞	좋다, 싫다, 많다, 예쁘다, 춥다など
指定詞	이다, 아니다のみ
存在詞	있다, 없다, 재미있다, 맛있다など

3）用言の活用

用言は日本語と同じく語幹（原形から語末の「- 다」を取り除いた部分）にさまざまな語尾がついて活用します。語尾の付け方は、語幹の種類と密接な関係があります。

母音語幹	語幹が母音で終わる用言の語幹	例）가다, 주다
ㄹ 語幹 （リウル）	語幹がㄹで終わる用言の語幹	例）놀다, 길다
子音語幹	語幹がㄹ以外の子音で終わる語幹	例）먹다, 덥다

| 陽母音語幹 | 語幹末の母音が陽母音（主にㅗ, ㅏ）の語幹 | 例）오다, 살다 |
| 陰母音語幹 | 語幹末の母音が陰母音（主にㅗ, ㅏ以外）の語幹 | 例）주다, 입다 |

2 **합니다体の作り方**

　합니다体とは、聞き手に対するもっとも丁寧な言い方で、主に職場など公的な場で使われるややかしこまった言い方です。합니다体の作り方は、語幹の種類(母音語幹・ㄹ語幹・子音語幹)によってそれぞれ形の違う語尾をつけます(＊ㄹ語幹はㄹが落ちます)。

母音語幹＋ㅂ니까? / ㅂ니다	가다 行く → 갑니까? / 갑니다
ㄹ_{リウル}語幹 ＋ㅂ니까? / ㅂ니다	멀다 遠い → 멉니까? / 멉니다＊
子音語幹＋습니까? / 습니다	좋다 良い → 좋습니까? / 좋습니다

 3 **해요体の作り方**

　해요体とは、聞き手に対する丁寧な言い方で、主に日常生活やプライベートな場で使われる打ち解けた言い方です。해요体の作り方は、語幹の母音が陽母音語幹か、陰母音語幹かによってそれぞれ形の違う語尾をつけます。(「하다用言」と指定詞(이다, 아니다)は形が違うので注意してください)

陽母音語幹＋아요	놀다 遊ぶ	→ 놀아요
陰母音語幹＋어요	읽다 読む	→ 읽어요
하다用言 하 ＋여요 → 해요	일하다 働く	→ 일하여요 → 일해요
★이다 子音体言＋이에요	책이다 本だ	→ 책이에요
母音体言＋예요	저이다 私だ	→ 저예요
★아니다 아니 ＋에요	제가 아니다 私ではない → 제가 아니에요

　なお해요体の「- 아요 / 어요」は、文脈やイントネーションによって叙述(＼)、疑問(↗)、勧誘(→)、命令(↓)を使い分けることができます(p.38参照)。また語幹末にパッチムがない場合、語幹末の母音と아/어の縮約に注意しましょう。

　　해요体の母音語幹の縮約

① ㅏ + 아요 = ㅏ요	사다 → 사요 (買います)
② ㅐ + 어요 = ㅐ요	지내다 → 지내요 (過ごします)
③ ㅓ + 어요 = ㅓ요	서다 → 서요 (立ちます)
④ ㅔ + 어요 = ㅔ요	세다 → 세요 (数えます)
⑤ ㅕ + 어요 = ㅕ요	켜다 → 켜요 (点けます)
⑥ ㅗ + 아요 = ㅘ요	보다 → 봐요 (見ます)
⑦ ㅜ + 어요 = ㅝ요	배우다 → 배워요 (習います)
⑧ ㅣ + 어요 = ㅕ요	마시다 → 마셔요 (飲みます)
⑨ ㅚ + 어요 = ㅙ요	되다 → 되어요 / 돼요 (なります)

4　否定形の作り方

1) 用言の否定形

> ① 語幹＋**지 않습니다** / **않아요**（後置否定形、書き言葉的）
> ② **안** ＋用言（前置否定形、会話的）

가다 行く → ①가지 않습니다 / 가지 않아요　②안 갑니다 / 안 가요
읽다 読む → ①읽지 않습니다 / 읽지 않아요　②안 읽습니다 / 안 읽어요

2) 名詞の否定形

> 母音体言＋**가 아닙니다** / **아니에요**　　子音体言＋**이 아닙니다** / **아니에요**

제 컴퓨터 私のパソコン　→　제 컴퓨터가 아닙니다 / 아니에요
제 사전 私の辞書　→　제 사전이 아닙니다 / 아니에요

5　主な補助語幹と語尾 （○○には「습니다」または「어요」をつける）

補助語幹	（意志や推量）語幹＋겠＋○○		가다	→	가겠습니다
			알다	→	알겠습니다
	（過去）	陽母音語幹 ＋았＋○○	잡다	→	잡았어요
		陰母音語幹 ＋었＋○○	먹다	→	먹었어요
		하다用言 하＋였＋○○	하다	→	하였어요 / 했어요
		母音体言　＋였＋○○	뉴스	→	오늘 뉴스였어요
		子音体言 이＋었＋○○	사람	→	저 사람이었어요
	（尊敬①） 합니다体	母音語幹＋시＋ㅂ니다	오다	→	오십니다
		子音語幹＋으시＋ㅂ니다	읽다	→	읽으십니다
	（尊敬②） 해요体	母音語幹＋（시＋어요）→ 세요	오다	→	오세요
		子音語幹＋（으시＋어요）→ 으세요	읽다	→	읽으세요
語尾	（丁寧）	名詞＋요(?)	내일	→	내일요?
		語幹＋語尾(네, 지, 거든)＋요(?)	하다	→	하네요 /하지요 /하거든요
	（意志・勧誘・同意・確認）		읽다	→	읽지요
		語幹＋지요(?) / 죠(?)	아니다	→	아니지요?/아니죠?
	（意向の確認）母音語幹 ＋ㄹ까요?		일하다	→	일할까요?
		ㄹ語幹 ＋ㄹ까요? (ㄹの脱落)	만들다	→	만들까요?
		子音語幹 ＋을까요?	읽다	→	읽을까요?
	（勧誘）母音語幹 ＋ㅂ시다		가다	→	갑시다
		ㄹ語幹 ＋ㅂ시다 (ㄹの脱落)	놀다	→	놉시다
		子音語幹 ＋읍시다	찍다	→	찍읍시다

文法と会話編

登場人物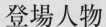

후지이 에미
（藤井恵美、ふじい えみ）

韓国語が大好きな日本人女性。1年生の夏休みに短期留学を経験した恵美は、本格的に韓国語を勉強するために交換留学生として再び韓国にやってきました。明るくて何でも前向きに考える性格です。

김 수민
（金秀民、キム・スミン）

日本文学専攻の大学3年の韓国人男性。恵美が短期留学に来たとき担当教授の紹介で恵美のチューターとなり仲良くなりました。すこし恥ずかしがり屋ですが、素直な性格の持ち主です。

나스 료타
（那須亮太、なす りょうた）

韓国近代史専攻の日本人男性。2年生を終えて韓国語を学ぶために韓国にやってきた亮太は、クラスメートの恵美の紹介でスミンと知り合います。韓国語の聞き取りが難しく、失敗続きの留学生活を送っています。

김 수아
（金秀児、キム・スア）

大学1年生のスミンの妹。お兄さんの紹介で恵美や亮太とも仲良くなり、日本語の勉強に精を出しています。何事にも積極的な性格でお茶目な女の子です。

背 景

　1年生の夏休みに短期留学を経験した恵美は、本格的に韓国語を勉強するために交換留学生として再び韓国にやってきました。クラスメートの亮太をスミンやスアに紹介して4人は仲良くなります。夏休みには4人で南の島の「済州島」に旅行に出かけますが……。

 제 **1** 과　卒業して留学するつもりです

学習目標：年齢や職業、趣味などについて話します。

♪
한국어는 어렵지만 재미있어요.　韓国語は難しいけど面白いです。

졸업하고 유학을 가려고 해요.　卒業して留学しようと思います。

 POINT 1　① – 고（並列・順次）　② – 지만（逆接）

「– 고」は並列や順次を、「– 지만」は逆接をあらわす接続語尾。

① 語幹 + 고　（並列・順次） 　〜（し）て、〜し、〜（し）たり	아빠는 교사(이)고*엄마는 의사예요.（並列） 운동을 하고 저녁을 먹어요.（順次）
② 語幹 + 지만　（逆接） 　〜だが、〜けれど	노래는 좋아하지만 잘 못해요. 내일은 휴일이지만 수업이 있어요.

* 母音体言の後では指定詞이다の語幹「이」が省略されます。

 POINT 2　「– 고」を含む慣用表現

「– 고」を含む慣用表現を確認しておきましょう。

– 고 싶다　　　　　（願望） 〜（し）たい	냉면이 먹고 싶어요. 교사가 되고 싶어요.
– 고 있다 / 계시다　（進行） 〜している / 〜（し）ていらっしゃる	밖에서 놀고 있어요. 강의를 하고 계세요.
– 고 가다 / 오다 〜（し）て（それから）いく / くる	저녁을 먹고 가요. 저녁을 먹고 왔어요.

 POINT 3　– 려고 / 으려고　〜しようと（意図）

意図や計画などをあらわす接続語尾。「– 려고 / 으려고 하다」は、「〜（し）ようと思う」「〜するつもりだ」という慣用表現です。「하다」は、「생각하다」に置き換えることができます。

母音語幹 + 려고 ㄹ語幹 + 려고 子音語幹 + 으려고

유학을 가려고 준비하고 있어요.
내일은 놀려고 해요. / 생각해요.
라면을 먹으려고 해요.

☞ 「– 려고요(?) / 으려고요(?)」は、「〜しますか」「〜しようと思いまして」という表現で、話し言葉でよく用いられます。　例）어디 가려고요? 학교에 가려고요.

練習 1-1　例にならって一つの文にして、日本語に訳しましょう。

> 例) 대학을 졸업하다 / 유학을 가다 (順次)
> ➡ 대학을 졸업하고 유학을 가요. （大学を卒業して留学に行きます）

1) 저는 대학생이다 / 남동생은 중학생이다 (並列)
➡

2) 개도 좋아하다 / 고양이도 좋아하다 (並列)
➡

3) 밥을 먹다 / 이야기를 하다 (順次)
➡

4) 숙제를 하다 / 집에 가다 (順次)
➡

練習 1-2　例にならって一つの文にして、日本語に訳しましょう。

> 例) 김치는 맵다 / 맛있다
> ➡ 김치는 맵지만 맛있어요. （キムチは辛いけれど、美味しいです）

1) 한국어는 어렵다 / 재미있다
➡

2) 이 가방은 좋다 / 너무 비싸다
➡

3) 콘서트에 가고 싶다 / 돈이 없다
➡

4) 개는 좋아하다 / 고양이는 싫어하다
➡

練習 1-3　「- 려고 / 으려고 해요」で答えてみましょう。 ③

> 例) 가 : 저녁은 뭐 먹어요? （햄버거）
> 나 : 햄버거를 먹으려고 해요.

1) 가 : 언제 책방에 가요? （모레）
나 :
2) 가 : 생일 선물은 뭘 사요? （콘서트 티켓）
나 :
3) 가 : 뭐가 되고 싶어요? （교사）
나 :
4) 가 : 지금 뭐 해요? （숙제）
나 :

졸업하고 유학을 가려고 해요

☐ 여동생 (女同生)	妹	여동생은 중학생이에요.
☐ 중학교 [중학꾜]	中学校 ▶중학생	중학교 2학년이에요.
☐ 학년 [항년]	学年、〜年生	내년에 3학년이 돼요.
☐ 남동생 (男同生)	弟	남동생은 열 살이에요.
☐ 아직	まだ、いまだに、なお	아직 초등학생이에요.
☐ 어리다	幼い、小さい ▶어린이 (⇔어른)	아직 어려요.
☐ 게임	ゲーム	게임을 좋아해요.
☐ 고양이	猫 ▶한 마리	고양이가 두 마리 있어요.
☐ 동물	動物 ▶동물원 3級	제가 동물을 좋아해요.
☐ 엄마	ママ、母さん、お母ちゃん	엄마는 회사원이에요.
☐ 마흔	40(歳)、40 の	올해 마흔다섯이세요.
☐ 아빠	パパ、父さん、お父ちゃん	아빠는 회사원이 아니에요.
☐ 회사원	会社員	엄마가 회사원이에요.
☐ 교수 (님)	教授	아버지는 교수예요.
☐ 쉰	50(歳)、50 の	올해 쉰이세요.
☐ 대학원	大学院 ▶대학원생	대학원 교수예요.
☐ 강의 [-이](하) 3級	講義(する)	대학원에서 강의하고 계세요.
☐ 이전 (⇔이후)	以前(⇔以降)	이전에는 은행원이셨어요.
☐ 가수	歌手	저는 가수가 되고 싶었어요.
☐ - 가 / 이 되다	〜になる	친구는 가수가 되었어요.
☐ 번역(하) [버녀카다]	翻訳(する) ▶번역가	지금은 번역가가 되고 싶어요.
☐ 졸업(하) [조러파다]	卒業(する) ▶졸업생	내년에 졸업해요.
☐ 유학	留学 ▶유학을 가다 留学する	졸업하고 유학을 가려고 해요.
☐ 요즘 (= 요즈음)	近頃、最近	요즘 아르바이트를 해요.
☐ 아르바이트 (= 알바)	アルバイト	매일 아르바이트를 하고 있어요.
☐ 모으다 〈으〉	集める、貯める	돈을 모으려고 해요.
☐ 그래서	それで、だから	그래서 돈을 모으고 있어요.

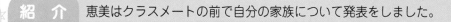

紹 介 恵美はクラスメートの前で自分の家族について発表をしました。

❶ 저희 가족은 다섯 명이에요.

❷ 엄마하고 아빠, 저, 여동생, 남동생이에요.

❸ 여동생은 중학교 2학년이고 남동생은 아직 어려요.

❹ 둘 다 게임을 아주 좋아해요.

❺ 그리고 개가 한 마리, 고양이가 두 마리 있어요.

❻ 제가 동물을 좋아해요.

❼ 엄마는 회사원이시고 마흔다섯이에요.

❽ 아빠는 쉰이시고 교수예요.

❾ 대학원에서 강의하고 **계세요.**

❿ 저는 이전에는 가수가 되고 **싶었지만**

　 지금은 가수가 아니라 번역가가 되고 **싶어요.**

⓫ 그래서 대학을 졸업하고 유학을 가려고 **해요.**

⓬ 요즘 돈을 모으**려고** 아르바이트를 하고 **있어요.**

⓭ 잘 부탁드립니다.

☑ 音読 check! 　正

☑ 発音のポイント

❶ 저희 [저히 / 저이]
　 다섯 명 [다선명]

❹ 좋아해요 [조아해요]

❿ 싶었지만 [시펃찌만]

⓫ 졸업하고 [조러파고]

⓭ 부탁드립니다 [부탁뜨림니다]

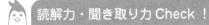

1. 에미의 가족은 몇 명이에요?

2. 에미는 언니가 있어요?

3. 누가 게임을 좋아해요?

4. 고양이는 몇 마리 있어요?

5. 에미 어머니는 연세가 어떻게 되세요?

6. 에미는 이전에는 뭐가 되고 싶었어요?

■　単語力 Up　■

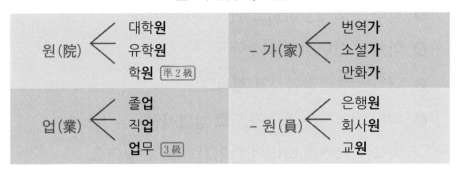

원(院) ← 대학원 / 유학원 / 학원 準2級	ー가(家) ← 번역가 / 소설가 / 만화가
업(業) ← 졸업 / 직업 / 업무 3級	ー원(員) ← 은행원 / 회사원 / 교원

練習 1-4　「単語力 Up」から適当な単語をすべて選び、発音してみましょう。

1）올해 4학년이에요. 내년 2월에 (　　　　　　)해요.

2）어떤 (　　　　　　)이 좋을까요?

3）저는 (　　　　　)가 / 이 되고 싶어요.

4）교원도 좋지만 (　　　　　)가 너무 많아요.

5）어머니 / 아버지는 (　　　　　)에서 일하고 계세요.

■ **固有数字** (固有数字は９９までです)

10	20	30	40	50	60	70	80	90
열	스물 스무*	서른	마흔	쉰	예순	일흔	여든	아흔

* 助数詞がつくと、스무になります。例）스무 살（20 歳）、스무 날（20 日）

練習 1-5　家族や知り合いの年齢を、韓国語で言ってみましょう。

	固有語 + 살	漢字語 + 세
1）할아버지　：76 歳	일흔여섯 살	칠십육 세
2）한국어 선생님 :		
3）　　　　　：		

A：〈할아버지〉는 연세가 어떻게 되세요?
B：〈할아버지〉는 〈일흔여섯〉 살이세요. / 〈칠십육〉 세세요.

練習 1-6　次の文にふさわしいものを選び、日本語に訳しましょう。

1）어제 햄버거도 (①먹지만　②먹고) 케이크도 먹었어요.

2）저는 19살 (①이지만　②이고) 일본 사람이에요.

3）한국에 (①가고 싶지만　②가고 싶고) 시간이 없어요.

4）저는 시간은 (①있지만　②있고) 돈이 없어요.

練習 1-7　< 　>の単語を入れ替えて言ってみましょう。

1）

가수 → 번역가

2）
교원 → 의사

3）

화가 → 은행원

4）

회사원 → 소설가

이전에는 〈가수〉가 되고 싶었지만, 지금은 〈번역가〉가 되고 싶어요.

練習 1-8　家族の紹介にチャレンジしてみましょう。(家族の構成、年齢、職業、趣味など)

　우리 가족은 다섯 명입니다. 아버지와 어머니, 할머니, 저와 여동생입니다. 아버지는 회사원이고 마흔다섯 살입니다. 어머니는 주부이고 마흔일곱 살입니다. 할머니는 예순여섯 살이십니다. 여동생은 고등학교 2학년입니다. 저는 만화를 좋아합니다.……

제 2 과　自己紹介をします

学習目標：名前や出身、韓国語の学習歴などについて話します。

♪6

전 나스 료타라고 합니다.	私は那須亮太といいます。
같이 공부하게 돼서 반갑습니다.	一緒に勉強することになって嬉しいです。

 POINT 1　– 아서 / 어서　　～（し）て、～くて、～ので（理由・前提動作）

理由や前提動作をあらわす接続語尾。

陽母音語幹 ＋아서 陰母音語幹 ＋어서	돈을 찾아서 줬어요. （前提動作） 시간이 없어서 택시를 탔어요. （理由）
하다用言 하＋여서 → 해서	번역해서 보냈어요. （前提動作）
★子音体言 ＋이어서 ★母音体言 ＋여서	휴일이어서 집에 있었어요. （理由） 휴가여서 한국에 갔어요. （理由）

☞ 「体言 ＋（이）라서」という形もあります。　例）휴일이라서, 휴가라서

 POINT 2　①라고　～（だ）と　　② -（이）라고 하다　～という、～だそうだ

"○○"（引用符）のあとにつくと直接引用を、指定詞の語幹につくと引用や伝聞をあらわします。「-（이）라고 하다」は、名前をいうときの慣用表現としてもよく使われます。（引用文については、第14・15課参照）

① 直接引用 "○○" ＋ 라고	"안녕히 주무세요."라고 해요. "새해 복 많이 받으세요."라고 해요. "수고하세요."라고 해요.
② 引用・伝聞 이 [다] ＋ 라고 아니 [다] ＋ 라고	저는 후시이 에미 (이)라고 해요.* 제 친구는 김수민이라고 해요. 그 사람은 교사가 아니라고 합니다.

* 母音体言の後では指定詞이다の語幹「이」が省略されます。

 POINT 3　– 게　～く、～に、～ように　（様態）

様態や程度などをあらわす接続語尾。「- 게 되다」（～するようになる、～することになる）は、状況や気持ちの変化をあらわす慣用表現です。

語幹 ＋게 語幹 ＋게 되다	즐겁게 지내고 있어요. 유학생을 지도하게 됐어요.

練習 2-1 例にならって一つの文にして、日本語に訳しましょう。

例) 친구가 오다 / 시간이 없다 （理由）
➡ 친구가 와서 시간이 없었어요.　（友達が来たので時間がありませんでした）

1) 늦다 / 미안하다 （理由）
➡

2) 너무 맛있다 / 다 먹다 （理由）
➡

3) 도서관에 가다 / 숙제를 하다 （前提動作）
➡

4) 김치찌개를 만들다 / 먹다 （前提動作）
➡

練習 2-2 「-(이)라고 해요」で答えてみましょう。 7 ♪

例) 가 : 시험은 언제부터예요?　（내일부터）
　　나 : 내일부터라고 해요.

1) 가 : 휴가는 언제까지예요?　（금요일까지）
　　나 :
2) 가 : 그 친구 동생은 뭐 해요?　（탁구 선수）
　　나 :
3) 가 : 여동생은 이름이 뭐예요?　（김경숙）
　　나 :
4) 가 : 부부가 다 교사예요?　（부인은 교사가 아니다）
　　나 :

練習 2-3 「- 게」を用いて文を完成させ、日本語に訳しましょう。

例) 꽃이 （예쁘다 → 예쁘게） 피었어요.
➡ お花がきれいに咲きました。

1) 매일 （즐겁다 →　　　　　） 생활하고 있어요.
➡

2) 생일 선물은 （고맙다 →　　　　　） 받았어요.
➡

3) 4월부터 여러분과 같이 （공부하다 →　　　　　） 됐어요.
➡

4) 내년에 유학을 （가다 →　　　　　） 됐어요.
➡

제 소개를 하겠습니다

☐ 소개(하)	紹介(する)	제 소개를 하겠습니다.
☐ 키	背、身長 ▶키가 크다 / 작다	키는 크지 않습니다.
☐ 넓다 [널따](⇔좁다)	広い(⇔狭い) ▶마음이 넓다	마음은 넓습니다.
☐ 여러분	皆さま、みなさん	여러분, 만나서 반갑습니다.
☐ 출신 [출씬]	出身、〜生まれ	오사카 출신입니다.
☐ 형제	兄弟 ▶형제간(間)	형제는 없습니다.
☐ 없이 [업씨] 3級	〜なしに	형제 없이 자랐습니다.
☐ 혼자	ひとり、単独で ▶혼자서	저 혼자입니다.
☐ 자라다	育つ、成長する、伸びる	교토에서 자랐습니다.
☐ 부모(님)	父母、(ご)両親	부모님은 교토에 사십니다.
☐ 고향	故郷 ▶고향을 떠나다	고향은 시모노세키입니다.
☐ 마치다	(〜を)終える、(〜が)終わる	2학년을 마치고 왔습니다.
☐ 이달(= 이번 달)	今月、この月	이달에 왔어요.
☐ - 초	初め ▶이달 초, 연초	이달 초에 왔어요.
☐ 유학생 [- 쌩]	留学生	유학생한테서 배웠어요.
☐ - 한테서(= 에게서)	〜から (人・助詞)	친구한테서 한국어를 배웠어요.
☐ 정도	程度、〜くらい、ほど	1년 정도 배웠어요.
☐ 즐겁다 [- 따] 3級	楽しい、嬉しい	즐겁게 공부하고 있어요.
☐ 생활(하)	生活(する)	즐겁게 생활하고 있어요.
☐ 계획 [계획]	計画 ▶계획을 세우다 / 잡다	계획을 세웠어요.
☐ - 개월	〜ヶ月 ▶몇 개월	한국어는 몇 개월 배우려고 해요?
☐ - 간	〜間 ▶6개월간, 반년간	6개월간 배우려고 합니다.
☐ 이곳	ここ、当地 ▶곳 所、場所、場	이곳에서 공부하려고 합니다.
☐ 문화 [무놔]	文化 ▶문화적(的)	한국 문화를 배우려고 해요.
☐ 능력 [능녁] 3級	能力	한국어능력시험을 보려고 합니다.
☐ 열심히 [열씨미]	熱心に、一生懸命に	열심히 하겠습니다.
☐ 부탁(하) [부타카다]	お願い、頼み ▶부탁드리다	잘 부탁드리겠습니다.

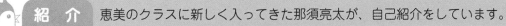

紹 介 恵美のクラスに新しく入ってきた那須亮太が、自己紹介をしています。

❶ 안녕하세요? 제 소개를 하겠습니다.

❷ 전 나스 료타**라고 합니다**.

❸ 키는 작지만 마음은 넓습니다.

❹ 여러분하고 같이 공부하**게 돼서** 반갑습니다.

❺ 전 오사카 출신입니다. 형제 없이 혼자 자랐어요.

❻ 부모님 고향은 시모노세키입니다.

❼ 시모노세키에는 할아버지가 살고 계세요.

❽ 저는 대학 2학년을 마치고 이달 초에 왔습니다.

❾ 한국어는 유학생한테서 1년 정도 배웠어요.

❿ 여기서는 매일 즐겁**게** 생활하고 있습니다.

⓫ 지금 계획으로는 6개월간 이곳에서 한국말과
한국 문화를 배우려고 합니다.

⓬ 선생님이 "한국어능력시험을 보세요." **라고** 하셨어요.

⓭ 그래서 열심히 **공부해서** 한국어능력시험도 보려고 합니다.

⓮ 잘 부탁드리겠습니다.

☑ 音読 check! 正 | | |

☑ 発音のポイント
❸ 작지만 [작찌만]
넓습니다 [널씀니다]
❹ 같이 [가치]
❾ 1년 [일련]
❿ 즐겁게 [즐겁께]
⓫ 한국말 [한궁말]
한국 문화 [한궁무놔]

1. 료타는 키가 큽니까?

2. 료타는 어디 출신입니까?

3. 료타 부모님의 고향은 어디입니까?

4. 료타는 몇 학년을 마치고 왔습니까?
   [며탕년]
5. 료타는 언제 왔습니까?

6. 료타는 한국어를 얼마나 배웠습니까?

■ 単語力 Up ■

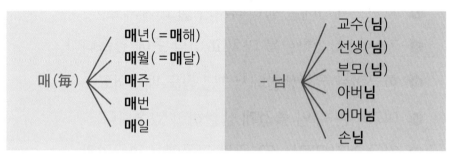

（練習 2-4）「単語力 Up」から適当な単語をすべて選び、発音してみましょう。

1）요즘 (　　　　　　) 한국어를 공부하고 있어요.

2）한국어 선생님은 저희 (　　　　　) 하고 친구세요.

3）교수님은 (　　　　　) 단어 시험을 봐요.

4）저희 집에는 거의 매일같이 (　　　　　)이 찾이외요.

5）부모님 집에는 (　　　　　) 한 번 정도 연락해요.

■ 縮約形①：代名詞＋助詞（☆は、縮約形なし）

	- 는 / 은　～は	- 를 / 을　～を	- 의　～の	- 가 / 이　～が
나	나는 → 난	나를 → 날	나의 → 내	（나가×）→ 내가
저	저는 → 전	저를 → 절	저의 → 제	（저가×）→ 제가
우리	우리는 → 우린	우리를 → 우릴	우리의　☆	우리가　☆

練習 2-5　次の文にふさわしいものを選び、日本語に訳しましょう。

1）전 키가 (①작지만　②작아서) 동생은 키가 큽니다.

2）2학년을 (①마치고　②마쳐서) 유학을 가려고 해요.

3）가수가 (①되고　②돼서) 노래하고 싶어요.

4）동생은 약속이 (①있고　②있어서) 나갔어요.

練習 2-6　次のような状況に合う表現を選び、「- 라고 해요」で答えてみましょう。

> "결혼 축하드립니다."　　　"새해 복 많이 받으세요."
> "진지 잡수세요."　　　"안녕히 주무셨어요?"

1）설날에 선배를 만났어요.
　이때 뭐라고 인사해요?
　➡

2）손님이 우리 집에 와서 잤어요.
　아침에 일어나서 뭐라고 말해요?
　➡

3）할아버지 집에 가서 저녁을 먹어요.
　할아버지에게 뭐라고 말해요?
　➡

4）선생님이 다음달에 결혼식을 올려요.
　선생님에게 뭐라고 말해요?
　➡

練習 2-7　「自己紹介」にチャレンジしてみましょう。
（名前、年齢、学年、出身、趣味、韓国語の学習歴など）

> 안녕하세요? 제 이름은 다나카 사토시라고 합니다. 나이는 열아홉 살이고
> 2학년입니다. 도쿄 출신입니다. 취미는 독서입니다. 한국어는 대학에서 1년
> 정도 배웠습니다. 한국어는 어렵지만 재미있습니다. 잘 부탁합니다.

■ 激音化

ㄱ・ㄷ・ㅂパッチムのあとに「ㅎ」がつづく場合と、ㅎ(ㄶ, ㅀ)パッチムのあとに「ㄱ・ㄷ・ㅈ」がつづく場合は、二つの子音が融合され、激音で発音されます。

例) 축하 [추카] (ㄱ + ㅎ = ㅋ)   　　 많다 [만타] (ㅎ + ㄷ = ㅌ)

1) 잃다　　　　　　[　　　　　　　　]
2) 입학　　　　　　[　　　　　　　　]
3) 그렇게　　　　　[　　　　　　　　]
4) 연락하다　　　　[　　　　　　　　]

■ ㅎの無音化

ㅎパッチムのあとに母音がつづく場合と、母音の後やㄴ・ㄹ・ㅁ・ㅇパッチムの後での「ㅎ」の音は、弱くなり消えます。

例) 좋아요 [조아요]   　　　　 전화 [저놔]

1) 놓아요　　　　　[　　　　　　　　]
2) 은행　　　　　　[　　　　　　　　]
3) 올해　　　　　　[　　　　　　　　]
4) 괜찮아요　　　　[　　　　　　　　]

■ 鼻音化

[p] [t] [k] と発音されるパッチム * のあとに鼻音「ㄴ」「ㅁ」が続くと、[p] [t] [k] の音が鼻音の影響を受けて [m] [n] [ŋ] へと変化します。

パッチム（終声）＋ 初声	パッチム（終声）＋ 初声
① [p] (ㅂ, ㅄなど)　　 + ㄴ, ㅁ	[m] (ㅁ) + ㄴ, ㅁ
② [t] (ㄷ, ㅌ, ㅊなど) + ㄴ, ㅁ	「n」(ㄴ) + ㄴ, ㅁ
③ [k] (ㄱ, ㄺなど)　　 + ㄴ, ㅁ	[ŋ] (ㅇ) + ㄴ, ㅁ

例) 십만 [심만]   　　　　 듣는 [든는]

*[p]：ㅂ・ㅄ　 [t]：ㄷ・ㅌ・ㅅ・ㅆ・ㅈ・ㅊ　 [k]：ㄱ・ㅋ・ㄺ

1) 학년　　　　　　[　　　　　　　　]
2) 못 먹어　　　　　[　　　　　　　　]
3) 몇 년　　　　　　[　　　　　　　　]
4) 끝내다　　　　　[　　　　　　　　]

ㄴのㄹ化（流音化）とㄹのㄴ化

「ㄹ」の前後の「ㄴ」は、「ㄹ」で発音されます。

例）연락처 [열락처]　　1년 [일련]

また「ㄱ・ㅂ・ㅁ・ㅇ」パッチムの後の「ㄹ」は「ㄴ」と発音され、鼻音化を伴います。

例）대통령 [대통녕]　　독립 [동닙]

1) 연락　[　　　　]
2) 7년　[　　　　]
3) 총리　[　　　　]
4) 법률　[　　　　]

濃音化

① [p] [t] [k] と発音されるパッチム* に続く平音（ㄱ・ㄷ・ㅂ・ㅅ・ㅈ）は、濃音（ㄲ・ㄸ・ㅃ・ㅆ・ㅉ）で発音されます。（ㄱ→ㄲ, ㄷ→ㄸ, ㅂ→ㅃ, ㅅ→ㅆ, ㅈ→ㅉ）

例）학기 [학끼]　　못 가요 [몯까요]

② 子音語幹用言における濃音化

例）감다 [감따]　　신고 [신꼬]

③ 合成語における濃音化

例）손＋가락 [손까락]　　물＋고기 [물꼬기]

④ 漢字語における特殊な濃音化

例）한자 漢字 [한짜]　　출신 出身 [출씬]

⑤ 未来連体形（ㄹ / 을）に続く平音の濃音化（第 10 課参照）

例）갈 거예요 [갈꺼에요]　　올 사람 [올싸람]

*[p]：ㅂ・ㅄ　[t]：ㄷ・ㅌ・ㅅ・ㅆ・ㅈ・ㅊ　[k]：ㄱ・ㅋ・ㄺ

1) 입구　[　　　　]
2) 칠십(70)　[　　　　]
3) 갈 사람　[　　　　]
4) 발가락　[　　　　]

제 3 과　小説家が夢ですって？

学習目標：誕生日や電話番号などを話します。

♪10

| 역시 친구밖에 없네요. | やっぱり友達しかいませんね。 |
| 수아 씬 소설가가 꿈이라고요? | スアさんは小説家が夢ですって？ |

 POINT 1　– (이)라고요(?)　～ですって(?)、～だそうです、～だってば

　指定詞の語幹につく「- 라고」に、丁寧をあらわす「요」がついた表現。相手の発言への反問や確認のときに使います。

| 이다　＋ 라고요(?)
아니다＋ 라고요(?) | 가 : 제 친구 이름이 유미예요.
나 : 유미 (이)라고요?* 에미가 아니에요?
가 : 내일은 시험이 아니라고요.
나 : 그래요? 그럼 언제예요? |

＊ 母音体言の後では指定詞이다の語幹「이」が省略されます。

 POINT 2　– 밖에（助詞）～しか（ない、できない）

日本語の「～しか」に当たる助詞。없다・못하다などの否定の表現と共に用いられます。

| 体言・助数詞＋밖에 | 만 원밖에 없어요.
회화는 조금밖에 못해요.
한 시간밖에 시간이 없어요.　　． |

 POINT 3　– 네요　～ですね、～ますね、～するんですね

　詠嘆や独り言をあらわす終結語尾の「네」に、丁寧をあらわす「요」がついた表現。話し手が直接経験して新たに知ったことや感じたことについて用いられます。

| 語幹＋네요 | 비가 오네요.
발음이 정말 좋으시네요.
실력이 많이 늘었네요.
　　　　　[느런네요] |

☞ 네요がつくときの、音の変化(鼻音化)に注意！

練習 3-1 「-(이)라고요?」を用いて答えてみましょう。 11

例) 가 : 시험은 9시부터예요. （10시）
　　나 : 9시부터라고요? 10시가 아니에요?

1) 가 : 제 꿈은 배우예요. （번역가）
　　나 :

2) 가 : 그 연극은 토요일까지예요. （일요일）
　　나 :

3) 가 : 한국어 시험은 수요일이에요. （목요일）
　　나 :

4) 가 : 휴가는 내일부터예요. （모레）
　　나 :

練習 3-2 「- 밖에 없다」か「- 밖에 못하다」で答えてみましょう。 12

例) 가 : 중국어도 잘해요? （한국어）
　　나 : 아뇨. 한국어밖에 못해요.

1) 가 : 한국어 회화도 잘해요? （조금）
　　나 : 아니에요. ＿＿＿＿＿＿＿＿＿＿＿＿ .

2) 가 : 홍차 있어요? （커피）
　　나 : ＿＿＿＿＿＿＿＿＿＿＿＿ .

3) 가 : 중급반도 있어요? （초급반）
　　나 : 여기는 ＿＿＿＿＿＿＿＿＿＿＿ .

4) 가 : 숟가락 있어요? （젓가락）
　　나 : ＿＿＿＿＿＿＿＿＿＿＿＿ .

練習 3-3 適切な副詞を選び、文の語尾を「- 네요」に変えて発音してみましょう。

例) 가방이 예쁘다! ➡ 가방이 정말 예쁘네요.

정말	많이
벌써	무척

1) 실력이 늘었다! ➡

2) 발음이 좋다! ➡

3) 선생님이 오셨다! ➡

4) 키가 크다! ➡

소설가가 꿈이라고요?

☐ 몇 년생 [면년생]	何年生まれ	몇 년생이에요?
☐ - 생	～生まれ ▶5월생	05년생이에요.
☐ 태어나다 3級	生まれる	5월에 태어났어요.
☐ 며칠	何日、何日か ▶몇 월 [며둴]	5월 며칠이에요.
☐ 날	①日 ②～日 ▶생일날	스무 날이에요.
☐ 어린이	子ども、児童 ▶어린이날	전 5일. 어린이날이에요.
☐ 발음(하)	発音(する)	발음이 좋네요.
☐ 무척	非常に、とても	무척 좋네요.
☐ 실력 準2級	実力 ▶실력이 늘다	실력이 있어요.
☐ 지난번	前回、この前	지난번보다 실력이 늘었어요.
☐ 늘다	伸びる、増える、上達する	실력이 많이 늘었어요.
☐ 중급	中級 ▶고급	중급이에요? 고급이에요?
☐ 작문 [장문]	作文	중급 작문을 공부하고 있어요.
☐ 때문에 (⇒ p.94)	～のために、～のせいで	작문 때문에 그래요.
☐ 고생(하) 3級	苦労(する)	작문 때문에 고생하고 있어요.
☐ 도와주다	手伝う、助けてやる	도와줄까요?
☐ 역시 [역씨]	やはり、やっぱり	역시 친구밖에 없네요.
☐ 꿈	夢 ▶꿈을 꾸다	꿈이 번역가라고요?
☐ 소설	小説 ▶소설가	저는 소설가가 꿈이에요.
☐ 노력(하) [노려카다]	努力(する) ▶노력가	노력하고 있어요.
☐ 반드시 (= 꼭)	必ず、きっと	반드시 소설가가 되고 싶어요.
☐ 이루다 3級	成す、成し遂げる、叶う	꿈을 이루려고 해요.
☐ 멋있다 [머싣따]	すてきだ、かっこいい	와, 멋있다.
☐ 만화 [마놔]	マンガ ▶만화가	만화가가 꿈이에요.
☐ 초등학생 (初等-)	小学生 ▶초등학교	초등학생 때부터 좋아했어요.
☐ -(이)라고 하면	～と言えば	만화라고 하면 저도 좋아해요.
☐ 나이	歳、年齢 cf. 연세	나이도 같네요.

| 会 話 | 恵美がスミンの妹のスアと、誕生日や将来の夢などについて話をしています。 |

14 ♪

수아　❶ 에미 씨는 몇 년생이에요?

에미　❷ 저요? 05년생. 5월에 태어났어요.

수아　❸ 저도 5월이에요. 5월 며칠? 전 스무 날이에요.

에미　❹ 스무 날? 아아, 20일. 전 5일, 어린이날이에요.

수아　❺ 그래요? 에미 씨 발음이 무척 **좋네요**.

　　　❻ 실력이 지난번보다 많이 늘었어요. 중급이죠?

에미　❼ 네. 중급 작문 때문에 고생하고 있어요.

수아　❽ 제가 도와줄까요?

에미　❾ 역시 수아 씨**밖에 없네요**. 수아 씬 꿈이 소설가**라고요**?

수아　❿ 네. 서른 살까지 노력해서 반드시 꿈을 이루려고 해요.

에미　⓫ 와, 멋있다! 저는 만화가가 꿈이에요.

　　　⓬ 초등학생 때부터 만화를 좋아했어요.

수아　⓭ 만화라고 하면 저도 무척 좋아해요.

에미　⓮ 정말? 우린 나이도 같고 취미도 같**네요**.

☑ 音読 check!　| 正 | | | |

☑ 発音のポイント

　❺ 좋네요 [존네요]

　❾ 없네요 [엄네요]

　❿ 노력해서 [노려캐서]

　⓮ 같고 [갇꼬]

　　같네요 [간네요]

1. 에미는 몇 년생이에요?

2. 에미는 몇 월에 태어났어요?
   [며둴]
3. 수아 생일은 몇 월 며칠이에요?

4. 에미 생일은 무슨 날이에요?

5. 에미는 중급이에요? 고급이에요?

6. 수아의 꿈은 뭐예요?

■ 単語力 Up ■

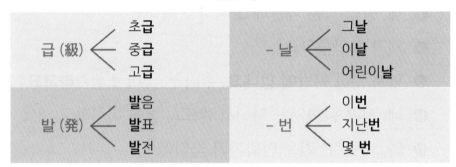

練習 3-4 「単語力 Up」から適当な単語をすべて選び、発音してみましょう。

1）전 4월부터 한국어 (　　　　　　　　)을 공부하고 있어요.

2）한국어는 재미있지만 (　　　　　　　　)이 정말 어렵습니다.

3）같이 가고 싶지만 (　　　　　　　　)은 한국어 발표가 있어서 바쁩니다.

4）지난번에 발표하지 않았어요? (　　　　　　　　)에도 또 발표해요?

■ 縮約形②：指示詞＋助詞

- 는 / 은　〜は	- 를 / 을　〜を	- 가 / 이　〜が	- 로 / 으로　〜で
이것은 → 이건	이것을 → 이걸	이것이 → 이게	이것으로→ 이걸로
그것은 → 그건	그것을 → 그걸	그것이 → 그게	그것으로→ 그걸로
저것은 → 저건	저것을 → 저걸	저것이 → 저게	저것으로→ 저걸로
☆	무엇을 → 뭘	무엇이 → 뭐가	무엇으로→ 뭘로

練習 3-5　音声をよく聞いて、内容に合うものを選んでみましょう。 ♪¹⁵

1）수민이는 (①2005년　②2004년)생입니다.

2）수민이 생일은 4월 (①19　②18)일입니다.

3）수민이 생일은 다음 주 (①목요일　②금요일)이에요.

4）생일날에 수민이는 에미와 (①만화　②영화)를 보려고 해요.

5）수민이 전화번호는 3465-(①4243　②4342)입니다.

練習 3-6　AとBを「- 아서 / 어서」でつなぎ、会話の練習をしてみましょう。 ♪¹⁶

A : 도서관에 가다　　친구를 만나다　　밖에 나가다　　시장에 가다

　　　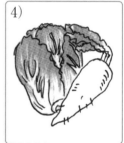

1)　2)　3)　4)

B : 책을 빌리다　　영화를 보다　　점심을 먹다　　야채를 사다

가 : 어디 가요?
나 : 도서관에 가서 책을 빌리려고요.

練習 3-7　次の質問に答えてみましょう。また韓国語でインタビューしてみましょう。

1）몇 년생이에요?

2）생일(이름 / 성함)이 어떻게 되세요?

3）생일에는 어떤 선물을 받고 싶어요?

4）한국어는 얼마나 배웠어요?

5）초등학생(중학생 / 고등학생) 때는 뭘 좋아했어요?

제 4 과　よく眠れませんでした

学習目標：不可能の表現と、「- 거든요」について学びます。

♪ 17

> 어제 잠을 못 잤어요.　　　　　　昨日眠れなかったです。
>
> 감기 걸렸거든요. 목소리도 이상해요.　風邪を引いたんです。声もおかしいです。

 POINT 1　①못 -　②- 지 못하다　～できない、～られない（不可能）

　動詞の前に「못」をおくか、語幹に「-지 못하다」をつけると、「（～したくても）～（することが）できない」「～られない」という不可能の表現になります。使い方は、用言の否定形の「안-」や「-지 않다」と同じです。

		해요体	합니다体
（話し言葉的）前置否定形	못 + 動詞	못 가요 못 갔어요	못 갑니다 못 갔습니다
	안 + 用言	안 가요 안 갔어요	안 갑니다 안 갔습니다
（書き言葉的）後置否定形	語幹 + 지 못하다	가지 못해요 가지 못했어요	가지 못합니다 가지 못했습니다
	語幹 + 지 않다	가지 않아요 가지 않았어요	가지 않습니다 가지 않았습니다

　なお、「하다動詞」（名詞＋하다）の前置否定形は、名詞と하다の間に「안」や「못」を入れます。
　例）공부하다 → 공부 안 해요（○）안 공부해요（×）
　　　졸업하다 → 졸업 못 해요（○）못 졸업해요（×）

☞「못」はそれに続く動詞と一気に発音されるため、音の変化が起こります（p.34 参照）。
　例）못 가요 [몯까요] 못 와요 [모돠요] 못 먹어요 [몬머거요]

 POINT 2　- 거든요　～なんですよ、～なものですから　（根拠）

　根拠をあらわす終結語尾の「- 거든」に、丁寧をあらわす「요」がついた表現。質問への答えやその理由・根拠を説明したり、導入で「～なんだ（だから）」という理由を提示するときに使います。

語幹＋거든요 [거든뇨]	가 : 오늘도 학교에 가요?　나 : 네, 시험이 있거든요. 가 : 내일은 좀 바쁘거든요.　나 : 그럼 모레 볼까요?

☞「- 거든요」の発音は、ㄴの挿入により [거든뇨] となります（p.90 参照）。

練習 4-1 正しい方に○をつけて意味の違いを考えてみましょう。

1) 어제는 시합이 있어서 학교에 (못, 안) 갔어요.

2) 어제는 수업이 없어서 학교에 (못, 안) 갔어요.

3) 내일은 시간이 없어서 (못, 안) 만나요.

4) 그 사람은 재미없어서 (못, 안) 만나요.

5) 옷이 많아서 새 옷을 (못, 안) 샀어요.

6) 돈이 없어서 새 옷을 (못, 안) 샀어요.

練習 4-2 例にならって一つの文にして、日本語に訳しましょう。

例) 감기에 걸리다 / 밖에 못 나가다
➡ 감기에 걸려서 밖에 못 나갔어요.　(風邪を引いて外に出られませんでした)

1) 마음이 아프다 / 잠을 못 자다
➡

2) 일이 있다 / 약속을 못 지키다
➡

3) 늦잠을 자다 / 시험을 못 보다
➡

4) 돈이 모자라다 / 쇼핑을 못 하다
➡

練習 4-3 「- 거든요」を用いて対話を完成させて、発音してみましょう。 🎵 18

例) 가 : 오늘은 학교에 안 가요?　(수업이 없다)
　　나 : 네, 수업이 없거든요.

1) 가 : 선물 사요?　(친구 생일이다)
　　나 : 네, _____.
2) 가 : 주말에 시간 있어요?　(약속이 있다)
　　나 : 미안해요. 주말에는 _____.
3) 가 : 그럼 출발할까요?　(아직 안 왔다)
　　나 : 조금만 더 기다려요. 동생이 _____.
4) 가 : 또 시험을 봐요?　(작년에 떨어졌다)
　　나 : 네, _____.

잠을 잘 못 잤어요

☐ 감기	風邪 ▶감기가 들다	감기(가) 들었어요.
☐ 어깨	肩	어깨도 아프고요.
☐ 목	のど、首	목도 아픕니다.
☐ 콧물 [콘물]	鼻水 ▶콧물이 나다	콧물도 나요.
☐ 늦다 [늗따]	遅れる、遅い ▶늦게(副詞)	그래서 늦게 일어났어요.
☐ 감다 [감따]	(髪を)洗う ▶머리를 감다	머리도 못 감았어요.
☐ 힘들다(= 힘이 들다)	つらい、大変だ、骨が折れる	많이 힘들어요?
☐ 약	薬 ▶약을 먹다	약은 먹었어요?
☐ 목소리 [목쏘리]	声	목소리는 어때요?
☐ 이상하다 (異常−)	変だ、おかしい	목소리도 이상해요.
☐ 그러면(= 그럼)	それなら、では、そうすれば	그러면 병원에 가세요.
☐ 우선	まず、とりあえず、とにかく	우선 이걸 드세요.
☐ -(이)라도(⇒ p.52)	～でも (助詞)	이거라도 드세요.
☐ 어젯밤 [어젣빰]	昨夜	어젯밤에 못 잤어요?
☐ 주무시다	お休みになる (자다の尊敬語)	몇 시에 주무셨어요?
☐ 새벽 3級	早朝、未明、暁	새벽까지 못 잤어요.
☐ 잠	眠り ▶잠을 자다, 늦잠	잠을 못 잤어요.
☐ 그런데	ところで、ところが、しかし	그런데 몇 시에 자요?
☐ 들다	①持つ ②入る ▶잠이 들다	새벽 두 시에 잠이 들었어요.
☐ 등	背中	등도 아픕니다.
☐ -께	～に (人・尊敬)(助詞)	선생님께 이야기하세요.
☐ 말씀드리다	申し上げる、お話する ▶말씀하시다	선생님께 말씀드리세요.
☐ 일찍(⇔늦게)	早く(⇔遅く)	일찍 집에 들어가요.
☐ 그렇지만 [그러치만]	でも、だが、しかしながら	그렇지만 오늘은 시험이 있어요.
☐ 한자 [한짜]	漢字 ▶한자어	한자 시험이 있거든요.
☐ 할 수 없다 [할쑤없다]	しかたない	할 수 없네요.
☐ 걱정 [걱쩡](하)	心配(する)	걱정해 주셔서 고마워요.

| 会 話 | 漢字テストの日、あいにく風邪を引いた恵美です。 |

수민　❶ 감기 들었어요?

에미　❷ 네. 아침부터 어깨도 아프고 목도 아프고 콧물도 나네요.

　　　❸ 오늘은 늦게 일어나서 머리도 **못** 감았어요.

수민　❹ 많이 힘들어요? 약은 먹었어요?

에미　❺ 아뇨. 저녁에 병원에 가려고요.

　　　❻ 오후부터는 목소리도 이상해요.

수민　❼ (のど飴を渡しながら) 그러면 우선 이거라도 드세요.

에미　❽ 고마워요. 한 개만 주세요.

수민　❾ 어젯밤에 몇 시에 주무셨어요?

에미　❿ 새벽 두 시쯤에 잠이 들었어요.

　　　⓫ 그런데 잠을 잘 **못** 잤어요. 등도 아프고…….

수민　⓬ 그럼 선생님께 말씀드리고 일찍 들어가요.

에미　⓭ 그렇지만 오늘 한자 시험이 있**거든요**.

수민　⓮ 그래요. 할 수 없네요.

에미　⓯ 걱정해 주셔서 고마워요.

☑ 音読 check!　

☑ 発音のポイント

❸ 늦게 [늗께]
　　못 감았어요 [몯까마써요]

❾ 몇 시 [멷씨]

⓭ 있거든요 [읻꺼든ㄴ]
　　(ㄴの挿入⇒ p.90)

⓮ 할 수 없네요 [할쑤엄네요]

1. 에미는 왜 머리가 아프고 콧물이 나요?

2. 에미는 왜 머리를 못 감았어요?

3. 에미는 감기약을 먹었어요?

4. 에미는 언제 병원에 가려고 해요?

5. 어젯밤에 에미는 몇 시에 잠이 들었어요?

6. 오늘은 무슨 시험이 있어요?

■　単語力 Up　■

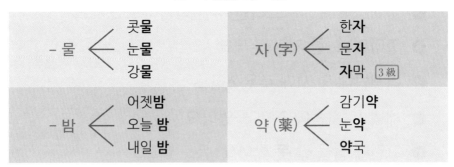

練習 4-4　「単語力 Up」から適当な単語をすべて選び、発音してみましょう。

1）콧물이 나서 약국에서 (　　　　　　　)을 사 왔어요.

2）감기약은 (　　　　　　)까지 먹으세요.

3）이 (　　　　　　)는 한국어로 뭐라고 읽지요?

4）빨리 (　　　　　　)없이 한국 드라마를 보고 싶어요.

■ 못の発音は「むずかしい」!?

```
못 ＋ ㄱ／ㄷ／ㅂ／ㅅ／ㅈ → 濃音化　例）못 가요 [몯까요]
　 ＋ ㄴ／ㅁ　　　　　　　　 → 鼻音化　例）못 마셔요 [몬마셔요]
　 ＋ 이／야／여／요／유 →＊ㄴの挿入による鼻音化　例）못 읽어요 [몬닐거요]
　 ＋ ㅎ　　　　　　　　　　 → 激音化　例）못해요 [모태요]
　 ＋ 아／어／오／우… → 連音化　例）못 와요 [모돠요]
　　 （이／야／여／요／유以外の母音）＊ㄴの挿入については p.90 参照
```

練習 4-5　文をつないで、例のように言ってみましょう。

1) 콧물이 나오다　•
2) 잠이 안 오다　•
3) 너무 힘이 들다　•
4) 연세가 많다　•

　•학교에 못 갔다
　•일은 안 하시다
　•감기약을 사 왔다
　•잠을 못 잤다

콧물이 나서 감기약을 사 왔거든요.

練習 4-6　音声をよく聞いて、内容に合うものを選んでみましょう。 21♪

1) 에미는 어제 (①저녁　②밤)에 병원에 갔어요.

2) 감기약은 하루에 (①두 번　②세 번) 먹어요.

3) 내일은 (①단어　②한자) 시험이 있어요.

練習 4-7　(　　)の中に適当な接続詞を書き入れ、読んでみましょう。

그런데	그래서	그렇지만	그러면

1) 철희는 아침에 늦게 일어났어요.
(　　　　　) 아침도 먹지 못하고 학교에 갔어요.

2) 정애는 어젯밤부터 머리도 아프고 콧물도 나서 잠을 잘 못 잤어요. (　　　　　) 한자 시험이 있어서 할 수 없이 학교에 갔어요.

3) 민수는 밤 늦게까지 책을 읽었어요. 새벽 1시쯤에 잠을 자려고 했어요. (　　　　　) 잠이 안 와서 다시 일어나서 소설책을 읽었어요.

4) 수미는 학교에 갔지만 목도 아프고 기침도 났어요. 민수 씨가 "(　　　　　) 우선 이거라도 드세요"라며* 목 캔디를 하나 주었어요.
*-라며 : 〜といいながら

身体（몸）

すでに学習した単語（5級）				覚えておきたい単語（4級）			
머리	얼굴	눈	코	이마 額	어깨 肩		목 首
입	귀	팔	손	허리 腰	손가락 手の指		등 背中
가슴	배	다리	발	무릎 膝	발가락 足の指		

練習　[　　　]の中に身体の単語を書き入れてみましょう。

머리
얼굴
귀
[　　　]
[　　　]
[　　　]
팔
다리

눈 코 입
가슴
배
손
발

[　　　]
[　　　]
[　　　]
[　　　]
[　　　]

ハングル能力検定試験 4 級模擬テスト①

<音の変化>

1. 発音どおり表記したものを、①～④の中から一つ選びなさい。

   1) 연락하다
      ① 연락카다　　　② 열라까다　　　③ 연라카다　　　④ 열라카디
   2) 못하다
      ① 모차다　　　　② 모타다　　　　③ 모싸다　　　　④ 모사다
   3) 콧물
      ① 코물　　　　　② 콛물　　　　　③ 콘물　　　　　④ 콩물
   4) 전화
      ① 저놔　　　　　② 전놔　　　　　③ 저와　　　　　④ 전와
   5) 비슷하다
      ① 비스사다　　　② 비스따다　　　③ 비스하다　　　④ 비스타다

<単語>

2. ①～④の中で、他の三つと最も関連性が低いものを一つ選びなさい。

   1) (　　)　　　① 개　　　　　② 고양이　　　③ 소　　　　　④ 물
   2) (　　)　　　① 누나　　　　② 어머니　　　③ 교사　　　　④ 언니
   3) (　　)　　　① 교원　　　　② 번역가　　　③ 오빠　　　　④ 의사
   4) (　　)　　　① 감기　　　　② 다리　　　　③ 어깨　　　　④ 머리
   5) (　　)　　　① 왼쪽　　　　② 방향　　　　③ 남쪽　　　　④ 섬

3. (　　　　) の中に入れるもっとも適当なものを、①～④の中から一つ選びなさい。

   1) 사전이 (　　) 필요해요.
      ① 아까　　　　② 많게　　　　③ 전혀　　　　④ 꼭

   2) 어머님은 올해 (　　) 살입니다.
      ① 마흔둘　　　② 마흔이　　　③ 마흔두　　　④ 사십이

   3) 저희 집에는 고양이가 세 (　　), 개가 한 (　　) 있어요.
      ① 마리　　　　② 개　　　　　③ 사람　　　　④ 분

   4) 동생은 저보다 두 살 (　　).
      ① 작아요　　　② 어려요　　　③ 많아요　　　④ 커요

   5) 저는 벌써 휴가 계획을 (　　).
      ① 모았어요　　② 했어요　　　③ 세웠어요　　④ 만들었어요

제5과 右の方に50メートル行けばいいです

学習目標：仮定や許可・禁止・願望の表現と、해요体の勧誘・命令について学びます。

22

그쪽으로 돌아가면 안 돼요.　　　　　そちらへ曲がってはいけません。

왼쪽으로 가면 돼요. 같이 가요.　　　左側に行けばいいです。一緒に行きましょう。

 POINT 1　– 면 / 으면　～ (すれ) ば、～ (する) と、～ (し) たら（仮定）

仮定や条件をあらわす接続語尾。

母音語幹＋면
ㄹ語幹＋면
子音語幹＋으면
★指定詞の語幹＋면

어른이 되면 혼자 살고 싶어요.
마음에 들면 말씀하세요.

관심이 있으면 전화 주세요.

휴가(이)면* 같이 여행을 가요.
휴가가 아니면 할 수 없고요.

* 母音体言の後では指定詞이다の語幹「이」が省略されます。

 POINT 2　– 면 / 으면을 含む慣用表現

「- 면 / 으면」のあとに되다（許可）や안 되다（禁止）、좋다（許可・願望）がつづく慣用表現を学びます。

母音語幹＋면 되다 / 좋다　～ (す) ればいい
子音語幹＋으면 되다 / 좋다
母音語幹＋면 안 되다　～ (し) てはいけない
子音語幹＋으면 안 되다

언제 가면 좋아요?
시켜 먹으면 돼요.

술을 마시면 안 돼요.
약속을 잊으면 안 됩니다.

☞ – 았 / 었으면 좋겠다는、「～ (し) たらいいな」という話し手の願望を表す表現です。
　例）눈이 왔으면 좋겠어요.

 POINT 3　– 아요 / 어요　～ (し) ましょう（勧誘）、 ～ (し) てください（命令）

　해요体の終結語尾で、文脈やイントネーションによって叙述（＼）・疑問（↗）・勧誘（→）・命令（↓）をあらわします。해요体の命令や勧誘は、主に対等な関係や目下の人に対してのみ用いられます。目上の人には「- 세요 / 으세요」を用いるのが無難です。

陽母音語幹＋아요
陰母音語幹＋어요
하다用言 하＋여요 → 해요

이쪽으로 앉아요. (↓)
같이 먹어요. (→)

빨리 준비해요. (↓)

練習 5-1　例にならって一つの文にして、日本語に訳しましょう。

例) 케이크가 먹고 싶다 / 말하다
　➡ 케이크가 먹고 싶으면 말해요.　（ケーキが食べたければ言ってください）

1) 역에서 멀다 / 택시를 타다
　➡

2) 맛이 없다 / 남기다
　➡

3) 문이 안 열리다 / 전화하다
　➡

4) 질문이 있다 / 손을 들다
　➡

練習 5-2　例にならって対話を完成させ、発音してみましょう。 23 ♪

例) 가 : 시험에 (떨어지다 → 떨어지면 안 돼요.)
　　나 : 알았어요.

1) 가 : 또 카메라를 (잃어버리다 →　　　　　　　　).
　　나 : 네, 알았어요.
2) 가 : 약속을 (잊어버리다 →　　　　　　　　).
　　나 : 무슨 약속?
3) 가 : 이 문제는 절대로 (틀리다 →　　　　　　　　).
　　나 : 알았어요.
4) 가 : 이번 일은 (잘못하다 →　　　　　　　　).
　　나 : 네, 잘 알겠습니다.

練習 5-3　「- 시면 / 으시면 돼요」で答えてみましょう。 24 ♪

例) 가 : 언제 찾아가면 좋아요?　（주말）
　　나 : 주말에 찾아오시면 돼요.

1) 가 : 언제 출발하면 좋아요?　（오후 2시쯤）
　　나 :
2) 가 : 어디로 가면 좋아요?　（도서관 앞）
　　나 :
3) 가 : 어느 쪽으로 돌면 좋아요?　（왼쪽）
　　나 :
4) 가 : 어느 양복을 입으면 좋아요?　（이 양복）
　　나 :

오른쪽으로 50 미터 가면 돼요

□ 저	あのう、ええと	저, 여기가 어디예요?
□ 저기요	すみません（声をかけるとき）	저, 저기요!
□ 건물	建物　▶건물을 세우다	대학원 건물이 어디예요?
□ 공원	公園	저기에 공원이 있어요.
□ 보이다	見える、見せる　▶관심을 보이다	공원이 보이죠.
□ 맞은편	向かい側	그 맞은편이에요.
□ 건너다 [3級]	渡る　▶길을 건너다	길을 건너면 있어요.
□ 오른쪽	右、右側、右の方	오른쪽에 있어요.
□ - 미터	～メートル（m）　▶1미터	오른쪽으로 50미터쯤 가세요.
□ 방향	方向　▶방향을 잃다	이 방향으로 가세요.
□ 돌아가다	回っていく、曲がっていく	오른쪽으로 돌아가세요.
□ 왼쪽	左、左側、左の方	왼쪽으로 가면 보여요.
□ 입구 [입꾸]	入口	저기가 대학원 입구예요.
□ 어서	早く、どうぞ、さあ	어서 와요.
□ 이쪽	こっち、こちら側	이쪽으로 와요.
□ 경제 [3級]	経済　▶경제학	경제를 공부하려고 해요.
□ - 에 대해서	～について、～に対して	경제에 대해서 공부하고 싶어요.
□ 좀 더	もう少し、もうちょっと	좀 더 공부하고 싶어요.
□ 전공 [3級]	専攻、専門	전공이 뭐예요?
□ 바꾸다	変える、交換する、両替する	전공을 바꾸려고요.
□ 미국 (美国)	アメリカ　▶미국인	미국에 가려고요.
□ 아직	まだ、いまだに、なお　▶아직도	아직…… 잘 모르겠습니다.
□ 이것저것 [이걷쩌걷]	あれこれ	이것저것 생각하고 있어요.
□ 알아보다 [3級]	調べる	알아보고 있어요.
□ 회화	会話　▶영어 회화	회화를 계속 배우고 있어요.
□ 계속(하) [게소카다]	①継続 ②引き続き、ずっと	한국어 공부를 계속하고 있어요.
□ 이제	今、もうすぐ、すでに、もう	이제 회화만 잘하면 돼요.

| 会 話 | スミンは進学のことで教授の研究室を訪ねました。 |

수민 　❶ 저, 저기요. 대학원 건물이 어디예요?

--- 　❷ 저기에 공원이 보이죠. 그 맞은편이에요.

　　　❸ 길을 건너서 오른쪽으로 50미터 정도 가면 **돼요**.

수민 　❹ (キョロキョロしながら) 저, 여기가 대학원 건물입니까?

--- 　❺ 아니에요. 이 방향으로 돌아가**면** 왼쪽에 입구가 있어요.

수민 　❻ 네, 고마워요.

　　　　　(아, 여기다!)　(똑, 똑)

교수 　❼ 아, 어서 **와요**. 이쪽으로 앉**아요**.

수민 　❽ 저, 경제에 대해서 좀 더 공부하고 싶어요.

교수 　❾ 그럼 전공은?

수민 　❿ 경제학으로 바꾸려고요. 유학도 가려고 해요.

교수 　⓫ 그래요? 미국으로 가려고?

수민 　⓬ 아직……. 지금 이것저것 알아보고 있습니다.

교수 　⓭ 요즘도 회화 공부를 계속하고 있죠?

　　　⓮ 이제는 회화 실력이 없**으면 안 돼요**.

☑ 音読 check!　| 正 | | | |

☑ 発音のポイント
　❿ 유학도 [유학또]
　⓮ 없으면 [업쓰면]

1. 대학원 건물은 어디에 있어요?

2. 오른쪽으로 몇 미터 가면 돼요?

3. 대학원 입구는 어느 쪽에 있어요?

4. 수민이는 전공을 뭘로 바꾸려고 해요?

5. 수민이는 무엇에 대해서 공부하려고 해요?

6. 수민이는 어디로 유학을 가려고 해요?

■ 単語力 Up ■

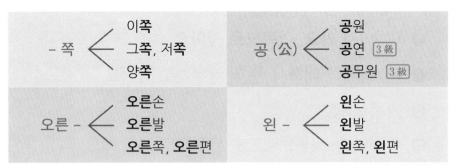

練習 5-4　「単語力 Up」から適当な単語をすべて選び、発音してみましょう。

1）이쪽으로 가면 (　　　　　　　)에 공원이 있어요.

2）왼손이 아니라 (　　　　　　　)을 들어 주세요.

3）가방은 오른편이 아니라 (　　　　　　　)에 놓아 주세요.

4）왼발이 아니라 (　　　　　　　)이에요.

■ 方向・位置

練習 5-5　次の文にふさわしいものを選び、日本語に訳しましょう。

1）경제에 대해서 (①공부하면 ②공부해서) 잘 알게 돼요.

2）오늘은 몸이 좀 안 (①좋으면 ②좋아서) 쉬고 싶어요.

3）그러니까 (①피곤하면 ②피곤해서) 하루 이틀 쉬세요.

4）저 다리를 (①건너면 ②건너서) 오른쪽으로 가세요.

5）왼쪽으로 (①돌아가면 ②돌아가서) 화장실이 있어요.

練習 5-6　絵を見て例のように言ってみましょう。

지하철역　　　수업 중에　　　도서관　　　계단

1)　　　　2)　　　　3)　　　　4)

담배를 피우다　　휴대전화를 하다　　사진을 찍다　　뛰다

지하철역에서 담배를 피우면 안 됩니다.

練習 5-7　「道案内」にチャレンジしてみましょう。

가 : 이 근처에 〈스타벅스 커피숍〉은 어디에 있어요?
나 :

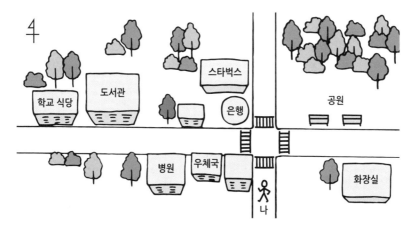

第6課 メールアドレスも教えてほしいです

学習目標:「連用形」と連用形を含む慣用表現を学びます。

27♪
| 메일 주소도 알려 주세요. | メールアドレスも教えてください。 |
| 여기에 써 드리면 되죠? | ここに書いて差し上げたらいいですか。 |

POINT 1　連用形

連用形とは、해요体から「요」を取った形です。主に「〜(し)てみる」「〜(し)てくれる」などの補助動詞と共に使われます。(母音の縮約については p.7 参照)

陽母音語幹＋아	앉다　→ 앉아 (座って)
陰母音語幹＋어	적다　→ 적어 (書き記して)
하다用言 하+여 → 해	사랑하다 → 사랑해 (愛して)

POINT 2　連用形を含む慣用表現

連用形に補助動詞がつづく慣用表現を学びます。

① - 아 / 어 보다	〜(し)てみる	찾다 + 보다	→ 찾아 보다
② - 아 / 어 가다 / 오다	〜(し)ていく / くる	사다 + 오다	→ 사 오다
③ - 아 / 어 주다	〜(し)てくれる	적다 + 주다	→ 적어 주다
④ - 아 / 어 드리다	〜(し)てさしあげる	적다 + 드리다	→ 적어 드리다
⑤ - 아 / 어 있다 *	〜(し)ている	앉다 + 있다	→ 앉아 있다
- 아 / 어 계시다	〜(し)ていらっしゃる	서다 + 계시다	→ 서 계시다

* ⑤は、結果の状態がつづいていることをあらわします。第1課で習った、- 고 있다は動作の進行をあらわします。

POINT 3　ㄷ変則

語幹のパッチムがㄷで終わる動詞の中には、語幹に母音 (아 / 어, 으など) で始まる語尾がつくと、語幹のㄷパッチムがㄹに変わるものがあります。これを「ㄷ変則」といいます。語幹のパッチムがㄷで終わる規則動詞もあります*。

語尾 原形	ㄷ → ㄹ		変化なし	
	- 아요 / 어요	- 으면	- 습니다	- 지 않아요
걷다 歩く	걸어요	걸으면	걷습니다	걷지 않아요
묻다 尋ねる	물어요	물으면	묻습니다	묻지 않아요

* 받다(もらう)・닫다(閉める)・얻다(もらう、得る)・주고받다(やり取りする) は、規則動詞です。

練習 6-1 例にならって言ってみましょう。

例) 찾아가다＋보다 ➡ 찾아가 봐요.

1) 먹다＋보다 ➡

2) 보내다＋보다 ➡

3) 만들다＋가다 ➡

4) 사다＋오다 ➡

5) 찾다＋주다 ➡

6) 보이다＋드리다 ➡

7) 비다＋있다 ➡

8) 열리다＋있다 ➡

9) 앉다＋계시다 ➡

10) 일어나다＋계시다 ➡

練習 6-2 「- 아 / 어 주세요」で答えてみましょう。 ²⁸

例) 가 : 제 주소를 적어 드릴까요?
　　나 : 네, 적어 주세요.

1) 가 : 사장님 연락처를 알려 드릴까요?
　　나 : 네,
2) 가 : 쓰레기를 버려 드릴까요?
　　나 : 네,
3) 가 : 먼저 커피를 시켜 드릴까요?
　　나 : 네,
4) 가 : 여행 가방을 들어 드릴까요?
　　나 : 네,

練習 6-3 例にならって対話を完成させ、発音してみましょう。 ²⁹

例) 가 : 목적을 (묻다 → 물으셨어요)?
　　나 : 네, 목적을 알고 싶어요.

1) 가 : 어디까지 (걷다 →　　　　　　　　　)?
　　나 : 지하철역까지 걸었어요.
2) 가 : 언제 연락을 (받다 →　　　　　　　)?
　　나 : 어제 저녁 늦게 받았어요.
3) 가 : 초급 회화는 어디서 (듣다 →　　　　　)?
　　나 : 라디오에서 들었어요.
4) 가 : 선생님의 말을 (알아듣다 →　　　　　)?
　　나 : 아뇨, 못 알아들었어요.

이메일 주소도 알려 주면 좋겠어요

□ 서로	お互い、互いに ▶서로서로	서로 인사하세요.
□ 인사(하)	挨拶(する) ▶인사말	인사드리겠습니다.
□ 말씀(말の尊敬·謙譲語)	おことば、お話	선생님이 말씀하셨어요.
□ 듣다 ⟨ㄷ⟩	①聞く、聴く ②効く	말씀 많이 들었어요.
□ -(으)시죠	〜してください、〜しましょう	앉으시죠.
□ 저쪽	あちら、あちら側	저쪽에서 사 와요.
□ 음료수 [음뇨수]	飲料水、飲みもの	음료수를 사 올까요?
□ 콜라	コーラ	콜라가 좋아요.
□ 홍차	紅茶	전 홍차 주세요.
□ 유자차 3級	ゆず茶 ▶한 잔	전 유자차 주세요.
□ -아/어 보고 싶다	〜してみたい ▶해 보고 싶다	유자차를 먹어 보고 싶어요.
□ 잠시만요 [-뇨]	お待ちください	잠시만요.
□ 역사 [역싸]	歴史 ▶역사가	한국 역사를 공부해요.
□ 전공(하)	専攻(する)	역사를 전공하고 있어요.
□ 중	①中、内 ②〜中、〜途中	제 친구 중에서
□ 가장(= 제일)	最も	한국어를 가장 잘해요.
□ 무슨 말씀을요 [-료]	とんでもないです	무슨 말씀을요. 아직 멀었어요.
□ 연락처(- 処) [열락 -]	連絡先 ▶연락(하)	연락처를 알려 드릴까요?
□ 지내다	過ごす、暮らす	연락하고 지내요.
□ -(으)면 어때요?	〜したらどうですか	연락하고 지내면 어때요?
□ 적다 [- 따] 3級	書き記す、記録する	여기에 적어 드릴까요?
□ 카톡(카카오톡の縮約)	カカオトーク	카톡으로 보내 주세요.
□ 이메일(= 메일)	Eメール	이메일 주소도 가르쳐 주세요.
□ 주소	住所、アドレス	집 주소는 모릅니다.
□ 알리다	知らせる cf. 알다	메일 주소도 알려 주세요.
□ -아/어 주면 좋겠다	〜してほしい	알려 주면 좋겠어요.
□ -아/어 주면 안 돼요?	〜してくれませんか	저한테도 알려 주면 안 돼요?

| 会 話 | 恵美が日本から来た亮太をスミンに紹介してくれるということで、喫茶店で待ち合わせをしました。 |

エミ **①** 수민 씨, 료타 씨예요. 서로 인사하세요.

수민 **②** 김수민입니다. 반갑습니다.

료타 **③** 네. 나스 료탑니다. 말씀 많이 들었어요.

수민 **④** 앉으시죠. 제가 저쪽에서 음료수를 **사 오**겠습니다.

　　 ⑤ 난 콜라, 에미 씬 홍차? 료타 씨는…….

료타 **⑥** 전 한국의 유자차를 먹**어 보**고 싶어요.

수민 **⑦** 알았어요. 잠시만요.

　　　　(お茶を持ってきてから)

에미 **⑧** 료타 씨는 역사가 전공이에요.

　　 ⑨ 제 친구 중에서 한국어를 가장 잘해요.

료타 **⑩** 무슨 말씀을요. 전 아직 멀었어요.

수민 **⑪** 발음이 무척 좋네요. 우리 서로 연락하고 지내면 어때요?

료타 **⑫** 좋습니다. 연락처를 지금 적**어 드**릴까요?

수민 **⑬** 아, 카톡으로 보**내 주**세요. 이메일 주소도 알**려 주**면 좋겠어요.

료타 **⑭** 네. 지금 카톡으로 보냈어요.

에미 **⑮** 저한테도 메일 주소를 알**려 주**면 안 돼요?

☑ 音読 check!　正

☑ 発音のポイント

③ 많이 [마니]

⑨ 잘해요 [자래요]

⑩ 말씀을요 [말쓰믈료]

⑬ 좋겠어요 [조케써요](ㄴの挿入⇒ p.90)

31
♪

1. 음료수는 누가 샀어요?

2. 에미는 뭘 마셨어요?

3. 료타는 뭘 주문했어요?

4. 료타의 전공은 뭐예요?

5. 료타는 한국어를 잘해요?

6. 료타는 수민에게 연락처를 적어 줬어요?

■ 単語力 Up ■

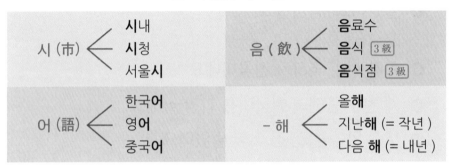

（練習 6-4）　「単語力 Up」から適当な単語をすべて選び、発音してみましょう。

1）지난해까지는 （　　　　　　　） 아파트에 살았어요.

2）올해 4월부터 （　　　　　　　）를 공부하고 있어요.

3）（　　　　　　　） 유학을 가려고 준비하고 있어요.

4）한국 （　　　　　　　）는/은 제 입에 맞아요.

5）학교 앞 그 （　　　　　　　）에 자주 가요.

もっと知りたい！

Q：p.47 の会話③の「나스 료탑니다」は、「나스 료타입니다」の縮約ですか？

A：はい、そうです。母音体言のあとでは指定詞이다の「이」が省略されます。

　　人名の場合も同じです。

　　例）김경자입니다 → 김경잡니다

　　cf. 김경숙입니다 （子音体言のあとでは省略されません）

練習 6-5 　音声を聞いて対話文を完成させ、会話の練習をしましょう。 🎵32

뭘 드시겠어요	반갑습니다
계산해 주세요	메일 주소도 알려 주세요

1) 가 : 처음 뵙겠습니다. 김성은입니다.
　　나 : 나스 료탑니다. (　　　　　　　　).
　　　　말씀 많이 들었습니다.

2) 가 : 이거 제 주소하고 연락처예요.
　　나 : 네, (　　　　　　　　　　).
　　가 : 여기에 적어 드릴까요?

3) 가 : (　　　　　　　　　)?
　　나 : 전 홍차요.
　　가 : 여기 홍차 한 잔, 커피 두 잔 주세요.

4) 가 : 여기 얼마예요? (　　　　　　　　).
　　나 : 제 것은 제가 내겠습니다.
　　가 : 아닙니다. 오늘은 제가 …….

練習 6-6 　絵を見て「- 고 있다」「- 아 / 어 있다」を用いて説明してみましょう。

1) 커피를 마시다
2) 책을 읽다
3) 노래를 부르다
4) 모자를 쓰다
5) 창문이 열리다
6) 세 사람이 앉다

練習 6-7 　次の質問に答えてみましょう。また韓国語でインタビューしてみましょう。

1) 전공이 뭐예요?

2) 어디(에) 살아요?

3) 여기서 집까지 얼마나 걸려요?

「ㄹ語幹用言」

살다 (住む)、길다 (長い) などの「ㄹ語幹用言」は、「ㅂ」「ㅅ」「ㄴ」と「ㄹパッチム」で始まる語尾や補助語幹がつくときに「ㄹ」が落ちます。具体的には次のような場合です。

(ハングル能力検定試験 5・4 級の範囲)

・ㅂ：ㅂ니다, ㅂ니까?, ㅂ시다
・ㅅ：尊敬の補助語幹 (시) がつく십니다, 십니까?, 세요, 십시오, 시고 など
・ㄴ：ㄴ (連体形), 는 (連体形), 니까 (第13課参照), ㄴ다 (한다体, 第14課参照)
・ㄹ：ㄹ (連体形), ㄹ 거예요, ㄹ까요?, ㄹ게요, ㄹ래요 (?), ㄹ 수 있다

	– ㅂ니까? – ㅂ니다	– 세요(?)	– 니까	– ㄹ까요?	– ㄹ 거예요
살다 住む	삽니까? 삽니다	사세요? 사세요	사니까	살까요?	살 거예요
알다 知る	압니까? 압니다	아세요? 아세요	아니까	알까요?	알 거예요
길다 長い	깁니까? 깁니다	기세요? 기세요	기니까	길까요?	길 거예요
멀다 遠い					
달다 甘い					
들다 持つ					
힘들다 辛い					

ハングル能力検定試験4級模擬テスト②

<音の変化>

1. 発音どおり表記したものを、①〜④の中から一つ選びなさい。

　　1) 몇 월
　　　　① 며 췰　　　　　② 며 됼　　　　③ 면됼　　　　④ 면월

　　2) 여덟 개
　　　　① 여덥깨　　　　② 여덜깨　　　③ 여덜캐　　　④ 여덥캐

　　3) 십만
　　　　① 심만　　　　　② 신만　　　　③ 싱만　　　　④ 식만

　　4) 백만 원
　　　　① 밴마눤　　　　② 뱅만눤　　　③ 뱅마눤　　　④ 맥마눤

　　5) 못 가요
　　　　① 몯까요　　　　② 몯카요　　　③ 못카요　　　④ 못까요

<助詞や文法>

2. （　　　　）の中に入れるもっとも適当なものを、①〜④の中から一つ選びなさい。

　　1) 감기(　　　　) 걸려서 병원에 갔어요.
　　　　① 에　　　　　② 로　　　　　③ 를　　　　　④ 이

　　2) 저는 나중에 소설가(　　　　) 되고 싶어요.
　　　　① 이　　　　　② 가　　　　　③ 로　　　　　④ 에

　　3) 아버지(　　　　) 연락이 왔어요.
　　　　① 로　　　　　② 에게서　　　③ 가　　　　　④ 에

　　4) 내년에 유학(　　　　) 가고 싶어요.
　　　　① 을　　　　　② 를　　　　　③ 에　　　　　④ 로

　　5) 일주일에 두 번 한국어를 (　　　　) 있어요.
　　　　① 공부하려고　② 공부하면　③ 공부해서　④ 공부하고

　　6) 한국어는 (　　　　) 재미있어요.
　　　　① 어렵지만　　② 어렵고　　③ 어려워서　④ 어려우면

☞ 解答はp.79。

p.37 模擬テスト①の解答

解答	1. 1) ④　2) ②　3) ③　4) ①　5) ④
	2. 1) ④　2) ③　3) ③　4) ①　5) ④　　3. 1) ④　2) ③　3) ①　4) ②　5) ③

第7課 休日は何をして過ごしますか

学習目標：動詞・存在詞の連体形について学びます。

33
♪
| 쉬는 날에는 뭐 해요? | 休みの日には何をしますか。 |
| 재미있는 영화라도 볼까요? | 面白い映画でも見ましょうか。 |

POINT 1 連体形 ①

　連体形とは、「行く時」「きれいな人」のように用言（動詞・形容詞・存在詞・指定詞）が体言を修飾する形をいいます。まず動詞と存在詞の連体形から学びます。（形容詞と指定詞の連体形については、第9課参照）

◇ 動詞の現在連体形 – 는（＊ ㄹ語幹はㄹが落ちて「는」がつく）

母音語幹＋는	쉬다＋날 → 쉬는 날
ㄹ語幹＋는（ㄹの脱落）	살다＋곳 → 사는 곳＊
子音語幹＋는	먹다＋사람 → 먹는 사람
★存在詞＋는	있다＋사람 → 있는 사람

☞ 재미있다・재미없다・맛있다・맛없다は、形容詞ではなく、存在詞として活用します。

◇ 動詞の過去連体形 – ㄴ / 은（＊ ㄹ語幹はㄹが落ちて「ㄴ」がつく）

母音語幹＋ㄴ	보다＋사람 → 본 사람
ㄹ語幹＋ㄴ（ㄹの脱落）	알다＋사실 → 안 사실＊
子音語幹＋은	붙다＋사람 → 붙은 사람
★存在詞＋었던	있다＋자리 → 있었던 자리

◇ 動詞の未来連体形 – ㄹ / 을（＊ ㄹ語幹はㄹが落ちて「ㄹ」がつく）

母音語幹＋ㄹ	가다＋사람 → 갈 사람
ㄹ語幹＋ㄹ（ㄹの脱落）	놀다＋사람 → 놀 사람＊
子音語幹＋을	읽다＋때 → 읽을 때
★存在詞＋을	있다＋때 → 있을 때

POINT 2 – 라도 / 이라도 ～でも（助詞）

体言や助詞（만・까지など）について、不十分ではあるが容認することをあらわす助詞。

母音体言＋라도	우리 영화라도 봐요.
子音体言＋이라도	세 시까지라도 와 주세요.
	한 숟가락만이라도 드세요.

練習 7-1 用言を適当な連体形に変えてみましょう。

1) 공부하다 / 이유 ➡
   （勉強する理由）

2) 살다 / 목적 ➡
   （生きる目的）

3) 열리지 않다 / 문 ➡
   （開かない門）

4) 남다 / 물건 ➡
   （残るもの）

5) 느끼다 / 것 ➡
   （感じたこと）

6) 먹다 / 달걀 ➡
   （食べたたまご）

7) 배우다 / 지식 ➡
   （学んだ知識）

8) 놀라다 / 아줌마 ➡
   （驚いたおばさん）

9) 돈이 없다 / 때 ➡
   （お金がない時）

10) 나타나다 / 때 ➡
    （現れる時）

練習 7-2 例にならって文を完成させ、日本語に訳しましょう。

例) (맛있는) 김치가 먹고 싶어요. （맛있다）
➡ 美味しいキムチが食べたいです。

1) (　　　　) 것이 있으면 선생님께 물어보세요. （모르다）
   ➡

2) 지금 (　　　) 데는 어디예요? （살다）
   ➡

3) 저기 피아노를 (　　　) 사람은 누구예요? （치다）
   ➡

4) 노래방에 (　　　) 때 같이 가요. （가다）
   ➡

練習 7-3 例にならって文を作り、発音してみましょう。

例) 어서 오세요. （커피 / 드시다）　➡　커피라도 드시겠어요?

1) 들어오세요. （홍차 / 드시다） ➡

2) 밥이 없어요. （라면 / 잡수시다） ➡

3) 시간 있어요? （연극 / 보다） ➡

4) 부탁해요. （이것만 / 해 주다） ➡

☞「- 겠」については第 12 課参照。

휴일에는 뭐 하고 지내요?

☐ 휴일 3級	休日、休み	휴일에는 뭐 해요?
☐ 지내다	過ごす、暮らす	집에서 지내요.
☐ 쉬다	①休む ②中断する	쉬는 날은 뭐 하고 지내요?
☐ 보통	普通、普段	보통 집에 있어요.
☐ 유튜브	YouTube、ユーチューブ	유튜브를 봐요.
☐ -나/이나(⇒ p.80)	～や、～でも、～も（助詞）	드라마나 유튜브를 봐요.
☐ 그제(= 그저께)	おととい	그제는 공원에 갔어요.
☐ 한강	漢江(地名)	한강 공원에 갔어요.
☐ 자전거	自転車 ▶자전거를 타다	자전거를 탔어요.
☐ 빌리다	借りる	자전거를 빌려서 탔어요.
☐ 줄을 서다 3級	並ぶ	줄을 서서 기다렸어요.
☐ 약②	約、およそ	약 20분 기다렸어요.
☐ 참②	そうだ、あっ、そういえば(感嘆詞)	참, 모레 시간 있어요?
☐ 예정(하)	予定(する) ▶예정을 바꾸다	무슨 예정이 있어요?
☐ 재미있다(⇔재미없다)	面白い (⇔面白くない)	재미있는 영화라도 보려고요.
☐ 역시 [역씨]	やっぱり、やはり	역시 마음이 통해요.
☐ 통하다	通じる ▶마음이 통하다	마음이 잘 통해요.
☐ 그날	その日 ▶이날 この日	그날은 공항에 가요.
☐ 날짜	日にち、日取り ▶날짜를 잡다	날짜를 바꾸면 안 돼요?
☐ 대신(하) 3級	①身代わり、代理 ②代わりに	대신 제가 맛있는 밥을 사죠.
☐ 영화표	映画チケット	대신 제가 영화표를 사죠.
☐ 다음 날	次の日、翌日	그 다음 날은 어때요?
☐ 석	三(枚など) ▶석 장	석 장 사면 되죠?
☐ 표(票) (= 티켓)	切符・チケット ▶표 파는 곳	표 파는 곳에서 만나요.
☐ 예매(하) 3級	前売り券を買う	영화표는 예매했어요.
☐ 벌써	すでに、もう	벌써 예매했어요.
☐ 진짜	本当(に)、本物 ▶진짜로	진짜예요?

会 話 スミンと恵美が休日について話しています。

수민 ❶ 휴일에는 뭐 하고 지내요?

에미 ❷ 쉬는 날요? 보통 집에서 드라마나 유튜브를 봐요.

❸ 그제는 한강 공원에 가서 자전거를 탔어요.

수민 ❹ 사람이 많았죠?

에미 ❺ 네. 자전거 빌리는 곳에서 줄을 서서 약 10분 기다렸어요.

수민 ❻ 참, 토요일 오후에 무슨 예정이 있어요?

에미 ❼ 왜요? 재미있는 일**이라도** 있어요?

수민 ❽ 영화**라도** 보려고요. 수아도 같이요.

에미 ❾ 역시 우린 마음이 통해요.

❿ 아, 그날은 공항에 가요. 날짜를 바꾸면 안 될까요?

⓫ 그 대신 영화표는 제가 사겠습니다.

수민 ⓬ 그럼 그 다음 날은 어때요?

에미 ⓭ 좋아요. 표 파는 곳에서 두 시에 만나요.

⓮ 표는 석 장이면 되죠?

수민 ⓯ 표는 벌써 예매했어요. 날짜만 바꾸면 돼요.

에미 ⓰ 진짜?

☑ 音読 check!　 正

☑ 発音のポイント

❷ 쉬는 날요 [쉬는날료]
　（ㄴの挿入⇒p.90）

❹ 많았죠 [마낟쬬]

❼ 재미있는 [재미인는]

❽ 같이요 [가치요]

1. 에미는 보통 휴일에 뭘 해요?

2. 에미는 그제 뭘 했어요?

3. 에미는 자전거 빌리는 곳에서 몇 분 기다렸어요?

4. 에미는 토요일 오후에 무슨 일이 있어요?

5. 에미와 수민이는 언제 영화를 봐요?

6. 에미와 수민이는 어디서 몇 시에 만나요?

■ 単語力 Up ■

練習 7-4 「単語力 Up」から適当な単語をすべて選び、発音してみましょう。

1) 이번 ( )에는 어디 갈 예정이에요?

2) 아직 ( )하지 못했어요.

3) 휴가 ( )은 50만 원이면 되지요?

4) 일기 ( ) 들었어요? 비가 오면 영화라도 보죠.

5) ( )는 벌써 예매했어요.

もっと知りたい！

Q：ソウルでの「自転車のレンタル事情」は日本と同じですか？
A：はい、だいたい同じです。ただ、ソウルなどの都会では車も多く坂が多いので、運動やスポーツの感覚で自転車に乗ります。移動の手段としてはさほど利用されていないようです。

練習 7-5 次の文にふさわしいものを選び、日本語に訳しましょう。

1) 전 (①맛없은 ②맛없는) 요리는 안 먹어요.

2) 누구예요? (①아는 ②알는) 사람이에요?

3) 한국 노래 중에 (①좋아하는 ②좋아한) 노래가 있어요?

4) 한국 음식 중에 (①못 먹은 ②못 먹는) 것은 없어요.

5) 다음에 영화를 (①보는 ②볼) 때는 같이 가요.

練習 7-6 A と B に適当な連体形を入れ、会話の練習をしましょう。 ³⁶

A：강의를 하다　　　라면을 끓이다　　　눈을 감고 있다　　　계단에 앉아 있다

 1)  2)  3)  4)

B：경제를 가르치다　　대학원에 다니다　　옆집에 살다　　동물을 좋아하다
　　교수님　　　　　　우리 형(오빠)　　　사장님　　　　그 할머니

가 : 저기 A ＿＿＿＿＿＿＿＿＿＿＿＿＿＿ 사람은 누구예요?
나 : 모르세요?
　　B ＿＿＿＿＿＿＿＿＿＿＿＿＿＿ (이)잖아요.
가 : 그래요?

練習 7-7 韓国語で言ってみましょう。

1）好きな食べ物は何ですか。

2）嫌いなものはありません。

3）面白い映画でも一緒に見ましょう。

4）今週は雨の降らない日がありませんね。

제8과　コーヒーを飲んだ後、家を出ました

学習目標：動詞の過去連体形を含む慣用表現と「目的」の表現を学びます。

♪37

| 한국어를 배우러 다녀요. | 韓国語を習いに通っています。 |
| 저녁을 먹은 뒤에 단어를 외웠어요. | 夕食を食べた後、単語を覚えました。 |

 POINT 1　動詞の過去連体形を含む慣用表現

* ㄹ語幹はㄹが落ちて「ㄴ」がつく。

① – ㄴ / 은 후에	～した後に
② – ㄴ / 은 뒤에	～した後に
③ – ㄴ / 은 다음에	～したあとに
④ – ㄴ / 은 끝에	～した末に
⑤ – ㄴ / 은 결과	～した結果
⑥ – ㄴ / 은 사이에	～している間に

점심을 먹은 후에 공원에 갔어요.
저녁을 만든 뒤에 * 커피를 마셨어요.
커피를 마신 다음에 공부를 했어요.
열심히 공부한 끝에 시험에 붙었어요.
열심히 노력한 결과 꿈을 이루었어요.
화장실에 간 사이에 전화가 왔어요.

☞「– 는 사이에」～(する)間に　例) 엄마가 없는 사이에 전화가 왔어요.

 POINT 2　– 러 / 으러　～(し)に（目的）

目的をあらわす接続語尾。主にがだ、오다、다니다などの往来の動詞と共に用いられます。

| 母音語幹＋러 |
| ㄹ語幹＋러 |
| 子音語幹＋으러 |

한국어를 배우러 다녀요.
여름 방학 때 놀러 가요.
저녁밥을 먹으러 왔어요.

☞ 動作名詞の쇼핑, 여행などには「– 를/을 가다」（～に行く）がつきます。　例) 여행을 가요.

 POINT 3　으変則

「一」母音で終わる語幹（「르」を除く）に「– 아 / 어」で始まる語尾がつくと、語幹の「一」母音が落ちます。これを「으変則」といいます。쓰다のように語幹が1音節の場合は、必ず어系がつきます。바쁘다のように語幹が2音節の場合は、脱落の前の母音が陽母音（ㅗ, ㅏ）なら아系が、陰母音（ㅗ, ㅏ以外）なら어系がつきます。

語尾　　　　　原形	「一」の脱落		変化なし	
	– 아요 / 어요	– 았어요 / 었어요	– ㅂ니다	– 고
쓰다 書く	써요	썼어요	씁니다	쓰고
바쁘다 忙しい	바빠요	바빴어요	바쁩니다	바쁘고
기쁘다 嬉しい	기뻐요	기뻤어요	기쁩니다	기쁘고

例にならって一つの文にして、日本語に訳しましょう。

例) 수업이 끝나다 / 친구를 만나다
➡ 수업이 끝난 후에 친구를 만났어요.　（授業が終わった後、友達に会いました）

1) 설명을 듣다 / 문제를 풀다
➡

2) 손을 씻다 / 점심을 먹다
➡

3) 계획을 세우다 / 연락을 하다
➡

4) 인사를 나누다 / 자리에 앉다
➡

練習 8-2　目的の「-러 / 으러」で答えてみましょう。 ^{38} ♪

例) 가 : 동생은 어디 갔어요?　（시험을 치다）
　　나 : 시험을 치러 갔어요.

1) 가 : 어떻게 오셨어요?　（부장님을 만나다）
　　나 :
2) 가 : 요즘 어디 다녀요?　（영어 회화를 배우다）
　　나 :
3) 가 : 어디 가세요?　（카메라를 사다）
　　나 :
4) 가 : 어머니는 어디 가셨어요?　（일하다）
　　나 :

練習 8-3　次の対話を完成させ、発音してみましょう。 ^{39} ♪

例) 가 : 그 영화는 어땠어요?
　　나 : 너무 (슬프다 → 슬퍼서) 눈물이 났어요.

1) 가 : 안녕히 주무셨어요?
　　나 : 허리가 (아프다 →　　　　　) 잘 못 잤어요.
2) 가 : 요즘 어떠세요?
　　나 : 너무 (바쁘다 →　　　　　) 쉴 시간이 없어요.
3) 가 : 방에 불은 끄셨죠?
　　나 : 네. 제가 바로 (끄다 →　　　　　).
4) 가 : 시험에 붙어서 기쁘죠?
　　나 : 네. 정말 (기쁘다 →　　　　　).

커피를 마신 후 집을 나왔어요

□ - 회	~回 ▶제1회	제97회 시험
□ 치다② 3級	(試験を)受ける ▶시험을 치다	시험을 쳤습니다.
□ 흐리다	曇っている、濁る ▶흐림 曇り	비 온 뒤 흐림
□ 깨다	(眠り・夢から)覚める ▶잠이 깨다	6시에 잠이 깼습니다.
□ 닦다 [닥따]	磨く、拭く ▶이를 닦다	일어나서 이를 닦았습니다.
□ 세수(하)	洗面、洗顔 ▶세수를 하다	세수를 했습니다.
□ 외국어	外国語	외국어를 공부했어요.
□ 예문	例文 ▶예(例), 예를 들다	예문을 만들었어요.
□ 외우다	覚える、暗記する	예문을 외웠어요.
□ 중요하다	重要だ	예문을 외우는 것이 중요해요.
□ 신(=신발)	履き物、靴 ▶신을 신다	신을 신고 집을 나왔어요.
□ 해외	海外 ▶해외여행	여자 친구는 해외여행을 갔어요.
□ 여자 친구	彼女 ▶남자 친구	여자 친구는 해외여행 중이에요.
□ - 에게서(=한테서)	~から、~に (助詞)	여자 친구에게서 전화가 왔어요.
□ 잠깐(=잠시)	しばらくの間、しばらく	밖에 잠깐 나갔어요.
□ 사이	①間 ②仲 ▶사이사이	내가 나간 사이에 전화가 왔어요.
□ 바로	すぐ、まっすぐに、まさに	바로 전화를 했어요.
□ 끊다 [끈타]	切る、断つ、(タバコを)やめる	바로 전화를 끊었어요.
□ 지하철	地下鉄 ▶지하철을 타다	지하철을 타러 갔어요.
□ 큰길	大通り	큰길까지 뛰었어요.
□ 뛰다	走る、跳ねる ▶뛰어가다	뛰어갔어요.
□ 시험장(試験場)	試験会場	시험장까지 지하철을 타고 갔어요.
□ 도착(하)	到着(する)	시험장에 도착했어요.
□ 전(⇔후)	前(⇔後) ▶전부터	9시 5분 전이었어요.
□ 땀	汗 ▶땀이 나다	땀이 났어요.
□ 손수건 [손쑤건]	ハンカチ ▶수건(=타올)	손수건이 없었어요.
□ 펜	ペン ▶볼펜	펜도 안 가지고 왔어요.

| 日 記 | 亮太の「韓国語能力試験」を受けた日の日記です。 |

① 제97회 한국어능력시험을 친 날

② 　　　　　　　　　　　　　10월 26일, 비 온 **뒤** 흐림

③ 오늘은 6시에 잠이 깼습니다.

④ 일어나서 이를 닦고 세수를 했습니다.

⑤ 커피를 한 잔 마신 **후에** 한국어 공부를 했습니다.

⑥ 외국어는 예문을 많이 외우는 것이 중요합니다.

⑦ 신을 신고 나오려고 할 때, 전화가 왔습니다.

⑧ 해외여행 중인 여자 친구에게서 온 전화였습니다.

⑨ 어제도 내가 잠깐 밖에 나간 **사이에** 전화를 했다고 합니다.

⑩ 시간이 없어서 바로 전화를 끊었습니다.

⑪ 집을 나와서 지하철을 **타러** 큰길까지 뛰어갔습니다.

⑫ 시험장에 도착한 것이 9시 5분 전이었습니다.

⑬ 땀이 나서 손수건을 찾았지만 없었습니다.

⑭ 아아, 사전도 펜도 안 가지고 왔습니다.

☑ 音読 check!　| 正 | | | | |

☑ 発音のポイント

① 능력 [능녁]

② 26 일 [이심뉴길]
　（ㄴの挿入⇒p.90）

⑦ 신고 [신꼬]

⑫ 도착한 것이 [도차칸거시]

⑬ 찾았지만 [차잗찌만]

1. 료타는 몇 시에 일어났어요?

2. 일어나서 제일 먼저 무엇을 했어요?

3. 외국어 학습은 무엇이 제일 중요해요?

4. 언제 전화가 왔어요?

5. 누구한테서 전화가 왔어요?

6. 시험장까지 뭘 타고 갔어요?

■ 単語力 Up ■

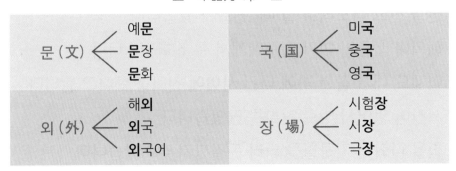

練習 8-4 「単語力 Up」から適当な単語をすべて選び、発音してみましょう。

1）대학을 졸업한 뒤에 (　　　　　　)에서 살고 싶어요.

2）한국어능력시험의 (　　　　　　)을 알면 가르쳐 주세요.

3）언니(누나)는 작년에 (　　　　　　) 사람과 결혼을 했어요.

4）유학을 가기 전에 한국어와 한국 (　　　　　　)를 배우고 싶어요.

☞「-기 전에」で「～する前に」

もっと知りたい！

Q：「彼女」は「그녀」ではありませんか？

A：「그녀」は、日本語の「彼女」とは違って会話ではほとんど用いず、主に文章などで使われます。彼女のことは「여자 친구」といい、呼ぶときは名前に「씨」をつけて「○○씨」と呼んだり、年下の人には「-야 / 아」と呼びます。また「彼氏」は「남자 친구」といい、名前に「씨」をつけて呼んだり、年上の人には「오빠」と呼んだりします。

練習 8-5　文をつないで、例のように言ってみましょう。

1) 일이 끝나다　　　　　•　　　　　• 답을 맞춰 보다

2) 신발을 벗다　　　　　•　　　　　• 방에 들어가다

3) 문제를 다 풀다　　　•　　　　　• 운동을 하러 가다

4) 회의를 하다　　　　　•　　　　　• 차에서 내리다

5) 자동차를 세우다　　•　　　　　• 결정을 내리다

일이 끝난 후에 운동을 하러 갔어요.
끝나고

練習 8-6　絵を見て例のように会話してみましょう。 42

백화점　　　　　　롯데월드　　　　　중학교　　　　　미용실

1) 지갑을 사다　　2) 친구하고 놀다　　3) 선생님을 만나다　　4) 머리를 자르다

가 : 어디 가세요?
나 : 백화점에 지갑을 사러 가요.

練習 8-7　日記にチャレンジしてみましょう。
（「잠이 깨다, -ㄴ/은 뒤에, -러/으러」を使うこと）

　　오늘은 7시에 잠이 깼어요. 일어나서 먼저 화장실에 갔어요. 아침을 먹은 뒤에 나갈 준비를 했어요. 오늘은 단어 시험이 있어요. 8시 10분 전철을 타러 역까지 뛰어갔지만, 전철을 타지 못했어요. 학교에 도착한 것이 9시 15분이었어요. 오늘도 지각이었어요. ^^;

（육십삼） 63

■【チャレンジ！】下の語句をヒントに、一日の行動を言ってみましょう。

눈을 뜨다
불을 켜다
세수를 하다
이를 닦다
머리를 감다
아침밥을 준비하다
아침을 먹다
커피를 마시다
불을 끄다
신을 신다
문을 닫다
집을 나오다
역까지 걸어가다
전화를 받다
전철을 타다
문자를 보내다 *
학교에 도착하다
수업을 듣다 **
친구와 이야기를 하다
점심을 먹다
수업이 끝나다
아르바이트를 하다
돈을 찾다
집에 돌아오다
손을 씻다
저녁을 먹다
텔레비전을 보다
숙제를 하다
목욕을 하다
잠을 자다

* 문자를 보내다で「ショートメールを送る」
** 수업을 듣다で「授業を受ける」

머리 어깨 무릎 발

보통 빠르기

머 리어깨무릎 발 무릎발   머 리어깨무릎 발 무릎발—무 릎

머 리 어 깨 발—무릎발   머 리어깨무릎 귀 코 귀

사과같은 내 얼굴

사 과같 은 내얼굴   예쁘기 도 하지요

눈 도반 짝 코도반 짝 입도반 짝 반 짝

第9課 遊びに行ってもいいですか

学習目標：形容詞・指定詞の連体形と「許可」の表現を学びます。

♪45

이 흰색 모자, 써 봐도 돼요.　　　この白い帽子、かぶってみてもいいですよ。

짧은 머리에 모자가 잘 어울려요.　　短い髪に帽子がよく似合います。

POINT 1　連体形 ②

ここでは形容詞と指定詞の連体形について学びます。（動詞と存在詞の連体形については、第7課参照）

◇ 形容詞の現在連体形 - ㄴ / 은　(＊ ㄹ語幹はㄹが落ちて「ㄴ」がつく)

母音語幹＋ㄴ	
ㄹ語幹＋ㄴ（ㄹの脱落）	
子音語幹＋은	
★指定詞＋ㄴ	

예쁘다＋모자　→　예쁜 모자
길다　＋머리　→　긴 머리＊
짧다　＋머리　→　짧은 머리
형이다＋사람　→　형인 사람

◇ 形容詞の過去連体形 - 았던 / 었던

陽母音語幹＋았던	
陰母音語幹＋었던	
★指定詞＋었던	

짧다　＋머리　→　짧았던 머리
예쁘다＋얼굴　→　예뻤던 얼굴
산이다＋곳　　→　산이었던 곳

☞ 動詞の語幹に「던」がつくと、「〜していた」という過去回想をあらわします。
　例）학생 때 자주 오던 곳이에요.（学生の時よく来ていた所です）

◇ 形容詞の未来連体形 - ㄹ / 을　(＊ ㄹ語幹はㄹが落ちて「ㄹ」がつく)

母音語幹＋ㄹ	
ㄹ語幹＋ㄹ（ㄹの脱落）	
子音語幹＋을	
★指定詞＋ㄹ	

바쁘다＋때　　→　바쁠 때
길다　＋때　　→　길 때＊
짧다　＋거예요　→　짧을 거예요
형이다＋거예요　→　형일 거예요

☞ 「- ㄹ / 을 거예요」は、意志や推量をあらわします。第11課参照。

POINT 2　- 아도 / 어도　〜(し)ても

日本語の「〜(し)ても」に当たる接続語尾。ここでは「- 아도 괜찮다 〜(し)ても構わない」「- 아도 되다 〜(し)てもよい」という許可の表現を学びます。

陽母音語幹 ＋아도 되다 / 괜찮다	
陰母音語幹 ＋어도 되다 / 괜찮다	
하다用言 → 해도 되다 / 괜찮다	

주말에 찾아가도 괜찮아요?
돈이 좀 들어도 돼요.
아침에 전화해도 돼요?

練習 9-1 用言を適当な連体形に変えてみましょう。

1) 좁다 / 방 ➡
   (狭い部屋)

2) 편하다 / 구두 ➡
   (楽な靴)

3) 젊다 / 사람 ➡
   (若い人)

4) 가능하다 / 일 ➡
   (可能なこと)

5) 깊다 / 사이 ➡
   (深い仲)

6) 학생이다 / 사람 ➡
   (学生である人)

7) 옳다 / 말 ➡
   (正しい言葉)

8) 좋다 / 결과 ➡
   (よい結果)

9) 편안하다 / 때 ➡
   (安らかな時)

10) 건강하다 / 때 ➡
    (健康な時)

練習 9-2 (　　) の中に適当な連体形を書き入れて、日本語に訳しましょう。

例) (슬픈) 일이 있을 때는 음악을 들어요. (슬프다)
   ➡ 悲しいことがあるときは音楽を聴きます。

1) 요즘 인기가 가장 (　　　　) 가수는 누구예요? (많다)
   ➡

2) 너무 (　　　　) 음식을 먹으면 안 돼요. (짜다)
   ➡

3) (　　　　) 돈으로 한 달을 살고 있어요. (적다)
   ➡

4) 몸이 (　　　　) 때는 바로 병원에 가세요. (아프다)
   ➡

練習 9-3 例にならって対話を完成させ、発音してみましょう。 46 ♪

例) 가 : 저녁 5시까지 (도착하다 → 도착해도 돼요) ?
   나 : 네, 괜찮아요.

1) 가 : 나중에 연락을 (드리다 →　　　　　　　　) ?
   나 : 네, 그러세요.

2) 가 : 선생님의 의견을 (묻다 →　　　　　　　　) ?
   나 : 네, 물어봐요.

3) 가 : 창문을 (닫다 →　　　　　　　　) ?
   나 : 네, 괜찮아요.

4) 가 : 제가 날짜를 (정하다 →　　　　　　　　) ?
   나 : 네, 그러세요.

놀러 가도 돼요?

☐ 피다	(花が)咲く ▶꽃이 피다	꽃이 피었어요.
☐ 여기저기	あちこち	여기저기 꽃이 피었어요.
☐ 여러	色々 ▶여러 가지	여러 꽃이 피었어요.
☐ 예쁘다 〈으〉	きれいだ、かわいい	예쁜 꽃이 피었어요.
☐ 색(= 색깔)	色、色彩 ▶밝은 색	이 색은 어때요?
☐ 희다 [히다]	白い ▶흰색, 흰머리	흰색이 예쁩니까?
☐ 검다 [- 따]	黒い ▶검은색	검은색이 예쁩니까?
☐ 모자	帽子 ▶모자를 쓰다 / 벗다	흰색 모자가 예뻐요.
☐ 얻다 [- 따]	もらう、得る ▶지식을 얻다	얻은 거예요.
☐ 노란 머리 3級	茶髪 ▶노란색	노란 머리네요.
☐ 자르다 〈르〉 3級	切る、切り離す	긴 머리는 잘랐어요?
☐ 이런	こんな ▶이런 일	이런 머리는 처음이에요.
☐ 모양(模樣)	形、様子、格好 ▶머리 모양 髮型	이런 머리 모양은 처음이거든요.
☐ 어울리다	似合う	잘 어울려요.
☐ 오랜만(= 오래간만)	久しぶり	오랜만에 보네요.
☐ 바람	風 ▶봄바람	봄바람이 불었어요.
☐ 강하게	強く ▶강하다(⇔약하다)	강하게 불었어요.
☐ 불다	(風が)吹く ▶바람이 불다	바람이 불어서 집에만 있었어요.
☐ - 내(에)	~内、~中、~以内	이번 주 내에 놀러 가도 돼요?
☐ 그럼요 [- 뇨]	もちろんですとも	그럼요. 꼭 오세요.
☐ 기쁘다 〈으〉	嬉しい	기쁜 일이 있었어요.
☐ - 점 [쩜]	~点 ▶100점	100점을 받았어요.
☐ 한일	韓日 ▶한일사전	한일사전을 받았어요.
☐ 소(⇔대)	小(⇔大) ▶소사전, 대사전	소사전이에요.
☐ 상품권 [- 꿘] 3級	商品券 ▶도서 상품권	도서 상품권도 받았어요.
☐ - 등	等 ▶1등, 2등	1등이에요.
☐ 축하 [추카] (하)	祝賀(する)、祝う ▶축하드리다	축하합니다.

| 会 話 | 恵美は髪型を変えてみたものの、自信がなく帽子をかぶって出かけました。 |

에미 ❶ 여기저기 여러 꽃이 피어서 정말 예뻐요.

수민 ❷ 네. 에미 씨 **흰**색 모자도 예쁩니다.

에미 ❸ 친구한테서 얻은 거예요. **검은**색 모자도 얻었어요.

수민 ❹ 어, 머리 색도? **노란** 머리네요. **긴** 머리는 잘랐어요?

에미 ❺ 이상해요? 이런 머리 모양은 처음이거든요.

수민 ❻ **짧은** 머리도 잘 어울려요.

에미 ❼ 감사합니다. 수아 씨, 오랜만이네요. 바빠요?

수아 ❽ 안 바빠요. 봄바람이 강하게 불어서 집에만 있었어요.

수민 ❾ 우리 집에 한번 놀러 와요.

에미 ❿ 진짜? 그럼, 이번 주 내에 한번 놀러 **가도 돼요**?

수민 ⓫ 그럼요. 꼭 오세요.

에미 ⓬ 저, 어제 **기쁜** 일이 있었어요.

⓭ 학교에서 한일 소사전하고 도서 상품권을 받았어요.

수민 ⓮ 그럼 100점? 1등이에요? 축하합니다.

☑ 音読 check!　| 正 | | | |

☑ 発音のポイント

❽ 봄바람 [봄빠람]

⓫ 그럼요 [그럼뇨]

⓬ 기쁜 일이 [기쁜니리]

（ㄴの挿入⇒ p.90）

1. 에미는 무슨 색 보사를 쓰고 나왔어요?

2. 에미가 쓴 모자는 누구한테서 얻은 거예요?

3. 에미의 머리 색은 무슨 색이에요?

4. 에미의 머리 모양은 어떻게 변했어요?

5. 에미는 어제 몇 점을 받았어요?

6. 에미는 무슨 상품을 받았어요?

■ 単語力 Up ■

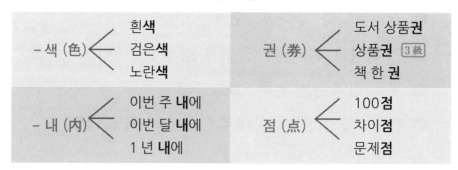

（ 練習 9-4 ）「単語力 Up」から適当な単語をすべて選び、発音してみましょう。

1）어떤 색이 좋을까요? (　　　　　　)은 어때요?

2）이번에 백 점을 받아서 (　　　　　)을 받았어요.

3）그런데 무슨 (　　　　　)이라도 있어요?

4）그 도서 상품권은 (　　　　　) 쓰면 돼요.

もっと知りたい！

Q：「얻다」は、「받다」と同じ意味ですか。

A：「얻다」も「받다」も「もらう」という意味ですが、「얻다」には「得る・ただでもらう・借りる」
という意味合いがあります。
一方「받다」には「受け取る・取る・受ける」という意味があり、使い方は若干異なります。
例）이 모자는 친구한테서 얻은 거예요.
어제 편지를 받았어요. （얻었어요 ×）

練習 9-5 ＡとＢに適当な連体形を入れ、会話の練習をしましょう。 ♪49

A : 키가 크다　　　　키가 작다　　　　머리가 길다　　　　머리가 짧다

1) 　2) 　3) 　4)

B : 목소리가 좋다　　눈물이 많다　　성격이 밝다　　마음이 예쁘다
　　교수님　　　　　할아버지　　　제 친구　　　우리 동생

　　가 : 저기 A ＿＿＿＿＿＿＿＿＿＿＿ 사람은 누구예요? 아는 사람이에요?
　　나 : 지난번에 안 만났어요?
　　　　 B ＿＿＿＿＿＿＿＿＿＿ (이)잖아요.
　　가 : 정말?

練習 9-6 右の絵を見て服装について説明してみましょう。

例) 치마는?（짧다）➡　짧은 치마를 입고 있어요.

1) 가방은?（크다）

2) 구두는?（높다）

3) 치마는?（검다）

4) 머리는?（길다）

5) 모자는?（예쁘다）

쓰다
하다
들다
입다
신다

練習 9-7 韓国語で言ってみましょう。

1) 忙しくない日はありません。

2) あそこの背の高い人が韓国語の先生です。

3) 母は甘いお菓子が大好きです。

제 10과 おいしいご飯を作ってあげますね

学習目標：意志や推量、約束などの表現と「것(거)」について学びます。

50
♪
> 주스 마실래요? 제가 사 올게요.　　ジュース飲みますか。私が買ってきます。
>
> 이건 내가 사 온 거예요.　　これは私が買ってきたものです。

 POINT 1　未来連体形のつく語尾

未来連体形のつく語尾をまとめて学びます。（＊ ㄹ語幹は ㄹ が落ちる）

	– ㄹ까요?/ 을까요? 意向の確認・推量 〜(し)ましょうか、〜でしょうか	– ㄹ래요(?)/ 을래요(?) 意志 〜(し)ますよ、〜(し)ますか	– ㄹ게요 / 을게요 意志・約束 〜(し)ますよ、〜(し)ますからね
母音語幹 ㄹ語幹 子音語幹	주말에 갈까요? 여기서 살까요? ＊ 밥을 먹을까요?	주말에 갈래요? 여기서 살래요＊ 밥을 먹을래요	주말에 갈게요 여기서 살게요＊ 밥을 먹을게요

☞ 未来連体形の後で「게요」は [께요] と発音されます。（p.23 参照）

 POINT 2　것(거)　もの、こと、〜の

　今まで「새것(새거)」や指示詞の「이것(이거)」などを学んできました。ここでは連体形と共に使われる表現を学びます。

> 動詞の現在連体形 ＋것(거) 〜(する)もの
> 動詞の過去連体形 ＋것(거)
> 　　　〜(し)たこと、〜(し)たもの
> 形容詞の現在連体形＋것(거)
> 　　　〜なもの、〜であること

이렇게 하는 것입니다.
이 책은 빌린 거예요.
이 책은 읽은 것이에요.
가장 예쁜 거예요.
제일 좋은 것으로 주세요.

 POINT 3　ㅅ変則

　語幹のパッチムが ㅅ で終わる動詞の中には、語幹に母音(아 / 어, 으など)で始まる語尾がつくと、ㅅ が落ちるものがあります。これを「ㅅ変則」といいます。なお、ㅅ が落ちても母音の縮約形にはなりません。

語尾 原形	ㅅの脱落			変化なし	
	– 아요 / 어요	– 았 / 었어요	– 을까요?	– 습니다	– 고
짓다 作る 낫다 治る	지어요 나아요	지었어요 나았어요	지을까요? 나을까요?	짓습니다 낫습니다	짓고 낫고

☞ 語幹のパッチムが ㅅ で終わっても 씻다(洗う)、웃다(笑う)、벗다(脱ぐ) は規則動詞です。

練習 10-1　例にならって文を作り、発音してみましょう。

例) 콘서트에 가다
　➡ 콘서트에 갈래요?　　　네, 콘서트에 갈게요.

1) 한국 김을 사다
　➡

2) 팩스로 보내다
　➡

3) 우표를 붙이다[부치다]
　➡

4) 카페에서 커피를 마시다
　➡

練習 10-2　例にならって答えてみましょう。　51 ♪

例) 가 : 고추장은 누가 부탁했죠? (친구)
　　나 : 친구가 부탁한 거예요.

1) 가 : 이 오이김치는 언제 사 왔죠? (아까)
　　나 :

2) 가 : 이 타월은 어디서 샀죠? (편의점)
　　나 :

3) 가 : 어느 것이 제일 좋죠? (왼쪽 것)
　　나 :

4) 가 : 이 도시락은 누가 만들었죠? (저)
　　나 :

練習 10-3　「- ㄹ까요?/ 을까요?」を用いて対話を完成させ、発音してみましょう。　52 ♪

例) 가 : 내년에 집을 (짓다 → 지을까요)?
　　나 : 정말이에요?

1) 가 : 제가 글을 (짓다 → 　　　　　　　　)?
　　나 : 그럼 부탁할게요.

2) 가 : 이 약을 먹으면 감기가 (낫다 → 　　　　　　　　)?
　　나 : 그럼요. 약을 먹고 좀 쉬세요.

3) 가 : 제가 먼저 손을 (씻다 → 　　　　　　　　)?
　　나 : 네. 그러세요.

4) 가 : 고양이 이름은 뭘로 (짓다 → 　　　　　　　　)?
　　나 : '해피'는 어때요?

맛있는 밥을 지어 줄게요

□ 시장하다 3級	お腹が空く (= 배가 고프다)	시장하죠?
□ 잠시 (= 잠깐)(만)	しばらく、しばらくの間	잠시만 기다려요.
□ 짓다 [짇따]〈ㅅ〉	(ご飯を)炊く、建てる、(名前を)つける	맛있는 밥을 지어 줄게요.
□ 보리 準2級	麦 ▶보리밥, 보리차	보리밥은 안 먹어요.
□ 쌀	米 ▶쌀밥, 쌀을 씻다	쌀밥으로 주세요.
□ – 잔	～杯 ▶물 한 잔, 술잔	물 한 잔 주세요.
□ 더운물	湯、お湯	더운물이 아니에요.
□ 찬물	冷たい水、お冷	찬물로 주세요.
□ 낫다 [낟따]〈ㅅ〉	治る ▶병이 낫다	아직 감기가 안 나았어요?
□ 거의 [거이]	ほとんど ▶거의 없다	거의 나았어요.
□ 고추장	唐辛子味噌	이건 고추장이에요.
□ 고춧가루 [고춛까루]	粉唐辛子 (= 고추가루)	그건 고춧가루예요.
□ – 께서	～が (人・尊敬)(助詞)	어머니께서 만드신 거예요.
□ 근처 (近処)	近所	고추가루는 근처에서 샀어요.
□ 슈퍼마켓 (= 슈퍼)	スーパーマーケット ▶마트	슈퍼마켓에서 산 거예요.
□ – 그램	～グラム (g)	600그램이에요.
□ 배추	白菜 ▶배추김치, 물김치	이건 배추김치예요.
□ 무	大根	그건 무김치예요.
□ 조금	少し、ちょっと、やや ▶조금만	조금만 주세요.
□ 씻다 [씯따]	洗う ▶손을 씻다, 쌀을 씻다	먼저 손을 씻으세요.
□ 손님	お客さん、お客様	손님이 오셨어요.
□ 젓가락 [젇까락]	箸 ▶젓가락을 들다 / 놓다	젓가락은 여기 있어요.
□ 숟가락 [숟까락]	スプーン、さじ	숟가락도 있어요.
□ 담다 [담따] 3級	入れる、盛る	김치는 어디에 담아요?
□ 접시 [접씨]	皿、～皿 ▶만두 한 접시	접시는 어디 있어요?
□ 그릇	器、入れ物 ▶밥그릇 茶碗	그릇은 여기 있어요.
□ 준비 (하)	準備、用意	제가 접시를 준비할게요.

| 会 話 | 恵美はコチュジャンを受け取るために、スミンの家に立ち寄りました。 |

어머니 **❶** 시장하죠? 잠시만 기다려요.

❷ 맛있는 밥을 지어 **줄게요**.

수민 **❸** 에미 씬 보리밥 안 먹어요. 쌀밥으로 해 주세요.

에미 **❹** 저, 물 한 잔 주세요.

수민 **❺** 더운물요? 찬물요?

에미 **❻** 찬물로 주세요. 감기약을 먹으려고요.

수민 **❼** 아직 감기가 다 안 나았어요?

에미 **❽** 이제 거의 나았어요.

수민 **❾** 이거 지난번에 부탁하신 **거**예요.

❿ 고추장은 어머니께서 만드신 **거**고, 고춧가루는 근처
슈퍼마켓에서 산 **거**예요. 600그램이에요.

어머니 **⓫** 배추김치하고 무김치도 좀 **줄까**?

에미 **⓬** 네~, 조금만……. 정말 맛있겠다! 손 씻고 **올게요**.

수민 **⓭** 엄마, 손님 젓가락하고 숟가락은 어디 있어요?

⓮ 김치는 어디에 담아요?

⓯ 제가 접시하고 밥그릇을 준비할게요.

☑ 音読 check! | 正 | | | |

☑ 発音のポイント

❷ 맛있는 [마신는]
　 줄게요 [줄께요]

❺ 더운물요 [더운물료]
　 찬물요 [찬물료] (ㄴの挿入⇒p.90)

⓭ 젓가락하고 [젇까라카고]

1. 에미는 왜 찬물을 부탁했어요?

2. 에미는 감기가 다 나았어요?

3. 고추장은 집에서 만든 거예요? 산 거예요?

4. 고추장은 누가 만든 거예요?

5. 고춧가루는 어디서 산 거예요?

6. 고춧가루는 몇 그램이에요?

■ 単語力 Up ■

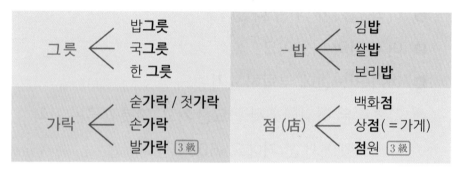

練習 10-4) 「単語力 Up」から適当な単語をすべて選び、発音してみましょう。

1) 배 고프죠? 오늘은 (   )을 먹어 볼까요?

2) 보리밥 (   )으로 드세요.

3) 맛있죠? 아까 집 앞 (   )에서 산 거예요.

4) 거기서 일하는 (   )이 제가 아는 사람이거든요.

5) 정말 맛있네요. (   ) 더 주세요.

■ 単位

グラム	キログラム ＝ キロ	メートル	キロメートル
그램 /g	킬로그램 /kg ＝ 킬로 /k (키로그램)	미터 /m	킬로미터 /km (키로미터)

練習 10-5　次の文にふさわしいものを選び、日本語に訳しましょう。

1) 접시는 친구한테서 (①받은 ②준) 것이에요.

2) 쌀과 보리는 어머님이 저에게 (①보내 준 ②보내 드린) 거예요.

3) 무와 배추는 옆집 아저씨가 (①빚은 ②준) 거예요.

4) 그 고춧가루는 제가 선생님께 (①보내 준 ②보내 드린) 거예요.

練習 10-6　「-ㄹ게요 / 을게요」を用いて対話文を完成させ、会話の練習をしましょう。 ♪55

| 사다 | 전화하다 | 가다 | 물어보다 |

1) 가 : 언제 가면 돼요?
　　나 : 저도 잘 모릅니다.
　　　　선생님께 (　　　　　　　).

2) 가 : 계산은 제가 할게요.
　　나 : 잘 먹었습니다.
　　　　다음에는 제가 (　　　　　　　).

3) 가 : 영화 같이 안 봐요?
　　나 : 미안해요.
　　　　약속이 있어서 먼저 (　　　　　　　).

4) 가 : 저녁 맛있게 먹고 가요. 안녕히 계세요.
　　나 : 네, 조심해서 가세요.
　　　　내일 (　　　　　　　).

練習 10-7　韓国語で言ってみましょう。

1) お弁当は私が作ったものです。

2) 昨日買ったカバンは安いものです。

3) コーヒーを召し上がりますか。(「-ㄹ래요」を用いて)

4) 私が食事の準備をしましょうか。

食器類など		材料		食べ物		飲み物やデザート	
접시	皿	고춧가루	粉唐辛子	갈비	カルビ	홍차	紅茶
그릇	器	고추장	唐辛子味噌	갈비탕	カルビスープ	콜라	コーラ
술잔	杯 (さかずき)	쌀	米	김밥	のり巻き	맥주	ビール
밥그릇	茶碗	김	海苔	햄버거	ハンバーガー	커피	コーヒー
숟가락	スプーン	배추	白菜	떡	餅	주스	ジュース
젓가락	箸	무	大根	떡볶이	トッポッキ	찬물	お冷
칼	ナイフ・包丁	파	ネギ	떡국	餅入りスープ	귤	みかん
비누	せっけん	오이	キュウリ	라면	ラーメン	과자	菓子
		두부	豆腐	찌개	チゲ、鍋料理	케이크	ケーキ

■ 【チャレンジ！】 ＡとＢの絵を比べて無くなったものを言ってみましょう。

A

B

ハングル能力検定試験4級模擬テスト③

<音の変化>

1. 発音どおり表記したものを、①〜④の中から一つ選びなさい。

　　1) 씻고

　　　　① 씯코　　　　　② 씯꼬　　　　　③ 씨코　　　　　④ 씨고

　　2) 옳지만

　　　　① 올지반　　　　② 올찌만　　　　③ 옳치만　　　　④ 옳찌만

　　3) 못 먹어요

　　　　① 몬머거요　　　② 몯머거요　　　③ 모머거요　　　④ 몽머거요

　　4) 싫어요

　　　　① 실허요　　　　② 실어요　　　　③ 시러요　　　　④ 시허요

　　5) 없네요

　　　　① 업네요　　　　② 얻네요　　　　③ 엇네요　　　　④ 엄네요

<接続詞>

2. （　　　）の中に入れるもっとも適当なものを、①〜④の中から一つ選びなさい。

　　1) 내일은 시간이 없어요. （　　　） 모레 만나요.

　　　　① 하지만　　　　② 그런데　　　　③ 그리고　　　　④ 그러니까

　　2) 아침에 늦게 일어났어요. （　　　） 지각을 했어요.

　　　　① 하지만　　　　② 그런데　　　　③ 그리고　　　　④ 그래서

　　3) 어제는 새벽에 잠이 들었어요. （　　　） 잠을 잘 못 잤어요.

　　　　① 그러면　　　　② 그런데　　　　③ 그리고　　　　④ 그러니까

　　4) 주말에 바쁘세요? （　　　） 다음 주에 다시 연락드리겠습니다.

　　　　① 그래서　　　　② 그런데　　　　③ 그리고　　　　④ 그러면

　　5) 가 : 오늘은 선생님께 말씀드리고 일찍 들어가요.

　　　　나 : （　　　） 오늘 한자 시험이 있어요.

　　　　① 하지만　　　　② 그래서　　　　③ 그리고　　　　④ 그러면

☞ 解答はp.93。

p.51 模擬テスト②の解答

解答	1. 1) ②	2) ②	3) ①	4) ③	5) ①	
	2. 1) ①	2) ②	3) ②	4) ①	5) ④	6) ①

（칠십구）79

제**11**과　私も運動をしなければなりません

学習目標：未来連体形を含む慣用表現と「義務」の表現を学びます。

56
♪

| 시간 있을 때 운동이나 할까요? | 時間があるとき運動でもしましょうか。 |
| 운동도 해야 돼요. | 運動もしなければなりません。 |

 POINT 1　未来連体形を含む慣用表現

　未来連体形を含む慣用表現を学びます。②の「‐ㄹ / 을 거예요」は、平叙文では話し手の意志を、疑問文では相手の意向を確認するときに使いますが、第三者や自然・出来事に用いると「〜でしょう」という推量の表現になります。（＊ㄹ語幹はㄹが落ちる）

① 母音語幹＋ㄹ 때(에)　〜(する)とき(に)	학교에 갈 때
ㄹ語幹＋ㄹ 때(에) ＊	집에서 놀 때*
子音語幹＋을 때(에)	저녁을 먹을 때
② 母音語幹＋ㄹ 거예요(?)　意志・推量	유학을 갈 거예요.
ㄹ語幹＋ㄹ 거예요(?) ＊	여기서 살 거예요?*
子音語幹＋을 거예요(?)	오빠가 읽을 거예요.
③ 母音語幹＋ㄹ 생각이다　〜(する)つもりだ	유학을 갈 생각이에요.
ㄹ語幹＋ㄹ 생각이다 ＊	여기서 살 생각입니다.*
子音語幹＋을 생각이다	소설을 읽을 생각이에요.

 POINT 2　‐아야 / 어야　〜(し)てこそ、〜(し)なければ

　強い条件をあらわす接続語尾。ここでは「‐아야 하다 〜(し)なければいけない」「‐아야 되다 〜(し)なければならない」という義務や当為の表現を学びます。

陽母音語幹＋아야 하다 / 되다	이 정도는 알아야 해요.
陰母音語幹＋어야 하다 / 되다	토마토도 먹어야 해요.
하다用言 → 해야 하다 / 되다	저도 운동을 해야 돼요.

 POINT 3　‐나 / 이나　〜や、〜でも、〜も（助詞）

　例示（〜や）や列挙（〜でも）をあらわす助詞。助数詞につくと、「〜も」という意味にもなります。②の列挙は、第7課で学んだ「‐라도 / 이라도」に置き換えることができます。

母音体言 ＋ 나	① 例示 〜や	드라마나 유튜브를 봐요.
子音体言 ＋ 이나	② 列挙 〜でも	커피나 / 커피라도 마실까요?
	③ 数量 〜も	한 달이나 남았네요.

例にならって文を作り、発音してみましょう。

例) 새차를 사다
➡ 새차를 살 거예요?　　　　　　네. 새차를 살 생각이에요.

1) 담배를 끊다
➡

2) 엘리베이터를 안 타다
➡

3) 내년 달력을 사다
➡

4) 머리를 짧게 깎다
➡

練習 11-2 例にならって文を作り、日本語に訳しましょう。

例) 테니스를 치다 / 같이 가다
➡ 테니스를 칠 때 같이 가야 돼요.　　（テニスをする時、一緒に行かなければなりません）

1) 신문에 쓰다 / 사실만 쓰다
➡

2) 고향을 떠나다 / 연락하다
➡

3) 힘든 일이 있다 / 꼭 말하다
➡

4) 인기가 있다 / 열심히 하다
➡

練習 11-3 「- 나 / 이나」 を用いて答えてみましょう。 57

例) 가 : 주말에는 뭐 해요?　(드라마, 영화)
나 : 드라마나 영화를 봐요.

1) 가 : 일요일에 뭐 해요?　(배구, 농구)
나 :
2) 가 : 횟수(回数)는 몇 번으로 해요?　(세 번, 네 번)
나 :
3) 가 : 어떤 사전을 사려고요?　(한일사전, 일한사전)
나 :
4) 가 : 뭐가 되고 싶어요?　(번역가, 소설가)
나 :

저도 운동을 해야 돼요

☐ 어저께 (= 어제)	昨日	어저께는 고마웠어요.
☐ 뭘요 [뭘료]	いえいえ	뭘요. 제가 고맙죠.
☐ 점심 (點心)	昼食 ▶점심 때	점심을 먹으러 가요.
☐ 뭘로 (무엇으로의 省略形)	何で、何に	뭘로 할래요?
☐ 김밥 [김빱]	のり巻き ▶김 海苔 (のり)	김밥을 먹을래요?
☐ 도시락	弁当	도시락을 먹을래요?
☐ 라면	ラーメン ▶라면을 끓이다	제가 라면을 끓일까요?
☐ 야채	野菜	전 야채가 먹고 싶어요.
☐ 생선 (生鮮)	(食べものとしての)魚	전 생선이 먹고 싶어요.
☐ 반찬	おかず	반찬을 많이 주는 집으로 가요.
☐ 떡	もち ▶떡국, 떡볶이	떡볶이도 먹고 싶어요.
☐ 과자	菓子	과자를 좀 먹었어요.
☐ 사실	事実、実際、実は ▶실은	사실 아침은 안 먹어요.
☐ - 킬로 / 키로	キロ(kg) ▶1 킬로	2킬로나 늘었거든요.
☐ 귤	みかん	귤을 좋아해요.
☐ 참①	まさに、本当に、実に	귤이 참 맛있어요.
☐ 달다	甘い ▶단맛	귤이 참 달아요.
☐ 그렇지요? [그러치요]	そうですよね	그렇지요?
☐ 선혀 [서너]	全然、まったく	운동은 전혀 안 해요?
☐ 학기 [학끼]	学期 ▶신학기	이번 학기는 언제 끝나요?
☐ - 말 (⇔초)	末(⇔初) ▶연말, 작년말	학기말 시험은 다음 주예요.
☐ 이제부터	これから、今から	이제부터 운동을 할 거예요.
☐ 계단 [게단]	階段	계단은 걸어서 올라갈 거예요.
☐ 올라가다	登る、上がる、上京する	저도 걸어서 올라갈 생각이에요.
☐ 함께 (= 같이)	一緒に、共に	함께 운동을 해요.
☐ 맥주 [맥쭈]	ビール ▶생맥주	맥주를 좋아해요.
☐ 힘	力 ▶힘이 있다 / 없다, 힘이 나다	맥주를 안 마시면 힘이 안 나요.

| 会 話 | 2キロも増えてしまった亮太、運動をしなければならないと思っているこの頃です。 |

에미 ❶ 어저께는 고마웠어요.

수민 ❷ 뭘요. 점심은 뭘로 할래요?

에미 ❸ 김밥, 도시락, 라면?

료타 ❹ 음, 전 야채하고 생선이 먹고 싶어요.

에미 ❺ 그럼 반찬을 많이 주는 그 집으로 가요.

수민 ❻ 좋아요. 아침은 먹었어요?

에미 ❼ 네. 떡하고 과자를 조금 먹었어요.

료타 ❽ 전 귤만 두 개 먹었어요. 사실 2킬로나 늘었거든요.

　　 ❾ 한국의 귤은 참 달고 맛있어요. 그렇지요?

수민 ❿ 네. 그런데 운동은 전혀 안 해요?

료타 ⓫ 운동도 해**야 해요**. 학기말 시험이 끝나면 **할 거예요**.

　　 ⓬ 이제부터 계단은 걸어서 올라갈 **생각이에요**.

에미 ⓭ 운동할 **때** 저하고 함께해요. 저도 운동을 해**야 돼요**.

수민 ⓮ 에미 씬 맥주를 조금만 마시면 돼요. (웃음)

에미 ⓯ 전 맥주를 안 마시면 힘이 안 나요. (웃음)

✅ 音読 check!　

✅ 発音のポイント

　❼ 떡하고 [떠카고]

　❽ 늘었거든요 [느럳꺼든뇨]

　⓫ 끝나면 [끈나면]

　　 할 거예요 [할꺼에요]

1. 료타는 점심에 뭘 먹고 싶어요?

2. 에미는 아침에 뭘 먹었어요?

3. 료타는 아침에 뭘 먹었어요?

4. 료타는 몇 킬로 늘었어요?

5. 한국의 귤은 맛이 어때요?

6. 료타는 언제부터 운동을 하려고 해요?

■ 単語力 Up ■

練習 11-4）「単語力 Up」から適当な単語をすべて選び、発音してみましょう。

1）뭘 마실래요? 전 오래간만에 (　　　　　　　)를 마시고 싶어요.

2）오늘 점심에는 (　　　　　　)에 가요.

3）그런데 (　　　　　　)에 은행에 가면 사람이 많지 않아요?

4）여보세요? 뭐라고요? 교통 (　　　　　　)라고요?

5）올해는 사고와 (　　　　　　)이 많네요.

もっと知りたい！

Q：「반찬을 많이 주는 그 집」の「그 집」のことですが、日本語訳は「その店」ではなく、「あの店」に
　なるのでしょうか。
A：そうです。話す人と聞く人が共に知っていることについては、「그」を使います。「저」は目
　の前にあるもので遠いところにあるものを指すときに用いられます。

練習 11-5 音声をよく聞いて、内容と合っているものを選んでみましょう。 60 ♪

1) 수민이는 아침에 빵과 (① 우유   ② 커피)를 먹어요.

2) 수민이는 지난달에 (① 3킬로   ② 4킬로)나 늘었어요.

3) 이번 주 (① 금요일   ② 목요일)까지 학기말 시험이 있어요.

4) 수민이도 (① 다음 주   ②다음 달)부터 운동을 하려고 해요.

練習 11-6 「- 아야 / 어야 돼요」を用いて対話文を完成させ、会話の練習をしましょう。 61 ♪

| 외우다 | 끓이다 | 끝내다 | 일어나다 |

1) 가 : 시험 공부했어요?
　 나 : 이제부터 단어를 (　　　　　　　).
　　　 어제 공부를 전혀 못 했거든요.

2) 가 : 이 일은 언제까지 하면 돼요?
　 나 : 오후 3시까지는 (　　　　　　　).
　　　 사장님이 3시에 오시거든요.

3) 가 : 내일 몇 시 비행기예요?
　 나 : 오전 10시예요.
　　　 늦어도 6시에는 (　　　　　　　).

4) 가 : 배고파요. 빨리 밥 주세요.
　 나 : 잠시만 기다려요.
　　　 국을 (　　　　　　　).

練習 11-7 韓国語で言ってみましょう。

1) これからは毎日運動をするつもりです。

2) 明日から 10 階まで歩いて上るつもりです。

3) 野菜や魚も食べなければなりません。

4) 会話文は 20 回や 30 回程度読まなければなりません。

第12課 温かいお茶でも召し上がりますか

学習目標：합니다体の命令形と「-겠-」について学びます。

62

힘드시겠어요. 여기 앉으십시오.	大変でしょう。こちらにお座りください。
따뜻한 차라도 드시겠어요?	温かいお茶でも召し上がりますか。

 POINT 1 ‐십시오 / 으십시오　お～ください、～(し)てください (합니다体の命令形)

합니다体の命令形で、提案や要求をするときに使います。(＊ ㄹ語幹は ㄹ が落ちて「십시오」がつく)

母音語幹＋십시오	조심해서 다녀오십시오. / 다녀오세요.
ㄹ語幹＋십시오 (ㄹ の脱落)	건강하게 사십시오.＊ / 사세요.＊
子音語幹＋으십시오	이쪽으로 앉으십시오. / 앉으세요.

☞ 「-세요 / 으세요」は해요体の命令形です。

 POINT 2 ‐겠‐ (未来意志や推量などの補助語幹)

語幹や補助語幹(尊敬・過去)について、未来意志や推量、控え目な気持ち、予告など多様な意味合いを持たせる補助語幹。疑問文での「-(으)시겠-」は相手の意向を尋ねる時、平叙文での「-(으)시겠-」は話し手の推量をあらわす時に用いられます。-지 않으시겠어요? は「～なさいませんか」という表現です。

① 未来意志	(平叙文：話し手の意志)	제가 가겠습니다.
	(疑問文：聞き手の意向)	같이 가시겠습니까?
② 推量		너무 힘드시겠어요.
		정말 힘들었겠어요.
③ 控え目		잘 알겠습니다.
		잘 모르겠습니다.
④ 予告		오후부터 비가 내리겠습니다.

 POINT 3 르変則

「르」で終わる語幹に「- 아 / 어」で始まる語尾がつくと、語幹の母音「ー」が脱落すると共に、ㄹパッチムが追加されます。つまり「르아」は「ㄹ라」に、「르어」は「ㄹ러」に変化します。(따르다・들르다は「으変則」に属します)

語尾	―の脱落、ㄹパッチムの追加		変化なし	
原形	- 아요 / 어요	- 았 / 었 -	- ㅂ니다	- 고
빠르다 早い	빨라요	빨랐어요	빠릅니다	빠르고
흐르다 流れる	흘러요	흘렀어요	흐릅니다	흐르고

練習 12-1　例にならって言ってみましょう。

例) 가방은 여기에 (두세요).　➡　가방은 여기에 두십시오.

1) 많이 (드세요).
2) 교과서 87페이지를 (펴세요).
3) 소리 내서 열 번 (읽으세요),
4) 여기서 잠시만 (기다려 주세요).
5) 만 엔을 한국 돈으로 (바꿔 주세요).

練習 12-2　例にならって対話を完成させ、発音してみましょう。

例) 가 : 저하고 발표 순서를 (바꾸지 않다 →　바꾸지 않으시겠어요)?
　　나 : 좋아요.

1) 가 : 내일 저녁에 우리 집에 (오지 않다 →　　　　　　　　　)?
　　나 : 맞다! 내일이 생일이죠?
2) 가 : 함께 휴가를 (보내지 않다 →　　　　　　　　)?
　　나 : 글쎄요. 생각해 보죠.
3) 가 : 저, 한일사전 좀 (빌려주다 →　　　　　　　)?
　　나 : 아이고, 사전도 없어요?
4) 가 : 이 단어 뜻 좀 (가르쳐 주다 →　　　　　　)?
　　나 : 네. 어떤 단어예요?
5) 가 : 그 이유를 (설명해 보다 →　　　　　　　　)?
　　나 : 됐어요.

練習 12-3　次の文を完成させ、日本語に訳しましょう。

例) 친구가 노래방에서 한국 노래를 (부르다 →　불렀어요).
　　➡　友達がカラオケで韓国の歌を歌いました。

1) 서울은 택시보다 지하철이 더 (빠르다 →　　　　　　　).
　　➡
2) 의미를 (모르다 →　　　　　　) 사전을 찾았어요.
　　➡
3) 선생님이 (부르다 →　　　　　　) 왔어요.
　　➡
4) 어제는 친구와 함께 산에 (오르다 →　　　　　　　).
　　➡
5) 강물은 (흐르다 →　　　　　　) 바다로 가요.

따뜻한 차라도 드시겠어요?

☐ 들어오다	(中に)入る、入ってくる ▶들어가다	어서 들어오십시오.
☐ 벽	壁	벽의 그림
☐ 그림	絵 ▶그림책	그림이 좋네요.
☐ 그리다	描く ▶그림을 그리다	저 그림은 누가 그렸어요?
☐ 가운데	まん中、中、中央	가운데 건 제가 그렸어요.
☐ 따뜻하다 [따뜨타다]	暖かい、温かい	따뜻한 차라도 드시겠어요?
☐ 발표(하)	発表(する) ▶발표회	발표는 어땠어요?
☐ 마지막	最後、終わり ▶마지막으로	마지막에 못했어요.
☐ 질문(하)	質問(する)	질문은 있었어요?
☐ 알아듣다 [- 따]<ㄷ>	理解する、聞き取る	질문을 못 알아들었어요.
☐ 대답(하) [대다파다]	答え、返事(する)	그래서 대답을 못 했어요.
☐ - 과/와 달리	~と違って	일본어와 달리 발음이 어려워요.
☐ 글자 [글짜]	字、文字 ▶글을 짓다	이 글자는 못 읽어요.
☐ 다르다 <르>	違う、異なっている、別だ	글자와 발음이 달라요.
☐ 경우 3級	場合	한국어의 경우는 발음이 어려워요.
☐ 빠르다 <르>	早い、速い	한국말은 너무 빨라요.
☐ 마찬가지	同様、同じ ▶마찬가지로	일본어도 마찬가지예요.
☐ - 처럼	~ように (助詞)	료타처럼 잘했으면 좋겠어요.
☐ 방법	方法 ▶방법이 없다	무슨 좋은 방법이 있어요?
☐ 연습(하) [연스파다]	練習(する)	연습할 때 큰 소리로 읽어요.
☐ 그냥	ただ、そのまま ▶그냥 친구	그냥 소리 내서 읽어요.
☐ - 뿐 3級	~のみ、~だけ (助詞)	그뿐이에요.
☐ 잡지 [잡찌]	雑誌	그 잡지 좀 빌려 주세요.
☐ 제목	題目、タイトル	제목이 뭐였죠?
☐ 저널	ジャーナル	한국어 저널!
☐ 필요하다	必要だ ▶필요(가) 없다	꼭 필요해요.
☐ 내용 3級	内容	읽고 싶은 내용이 있어서요.

| 会 話 | スミンと恵美が亮太の家を訪ねて、韓国語の学習法について話をしています。 | 65 ♪ |

료타　❶ 어서 들어오**십시오**. 이쪽으로 앉으시죠.

에미　❷ 벽의 그림들은 누가 그린 거예요?

료타　❸ 가운데 것만 제가 그린 거예요.

　　　❹ 따뜻한 차라도 드시**겠**어요?

에미　❺ 우린 마시고 왔어요. 그보다 오늘 발표는 어땠어요?

료타　❻ 마지막에 질문을 못 알아들어서 대답을 못 했어요.

　　　❼ 한국어는 일본어와 달리 글자와 발음이 다른 경우가
　　　　있어서…….

에미　❽ 그건 그렇지요. 그리고 한국말은 너무 빨라요.

수민　❾ 빠른 건 일본어도 마찬가지예요.

에미　❿ 저도 료타처럼 한국어를 잘했으면 **좋겠**어요.

　　　⓫ 무슨 좋은 방법이 있어요?

료타　⓬ 연습할 때 그냥 소리 내서 서른 번쯤 읽어요. 그뿐이에요.

에미　⓭ 참, 전에 그 잡지 좀 빌려 주**시겠**어요?

료타　⓮ 제목이 뭐였죠? 아, 한국어 저널!

에미　⓯ 네. 필요한 내용이 있어서요.

☑ 音読 check!　　| 正 | | | |

☑ 発音のポイント

　❷ 벽의 [벼게]

　❸ 것만 [껀만]

　❻ 못 알아들어서 [모다라드러서]
　　못 했이요 [모태써요]

　❿ 좋겠어요 [조케써요]

　⓬ 연습할 때 [연스팔때]

（팔십구）89

1. 벽의 그림은 누가 그린 겁니까?

2. 에미와 수민이는 료타 집에서 차를 마셨습니까?

3. 료타는 오늘 발표를 잘했습니까?

4. 료타는 발표 때 무슨 일이 있었습니까?

5. 료타는 연습할 때 한국어를 몇 번 읽습니까?

6. 에미가 빌리려고 한 잡지의 제목은 무엇입니까?

■ 単語力 Up ■

練習 12-4 「単語力 Up」から適当な単語をすべて選び、発音してみましょう。

1) 외국어를 공부하는 (　　　　　　) 좀 알려 주세요.

2) 전 매일 (　　　　　) 을 열심히 해요.

3) 그런데 전기에 한국어는 (　　　　　) 지요?

4) (　　　　　) 에 본 시험문제 좀 알려 주시겠어요?

■ 「ㄴの挿入」って何?

「ㄴの挿入」とは、パッチムで終わる単語に「이 / 야 / 여 / 요 / 유」がつづくと、「ㅇ」の
ところに「ㄴ」が挿入され、「니 / 냐 / 녀 / 뇨 / 뉴」と発音される現象です。

　① 合成語や派生語　　　　　　例) 십육 16 [십＋육 → 십뉵 → 심뉵]

　② 二つの単語を一気に発音するとき　例) 못 읽어요 [몯닐거요 → 몬닐거요]

　③ 丁寧をあらわす「요」がつくとき　例) 거든요 [거든＋요 → 거든뇨]

練習 12-5) 文をつないで、例のように言ってみましょう。

1) 옷이 맞지 않다 • • 질문하다

2) 이해가 안 가다 • • 바꾸러 오다

3) 내일 날이 밝다 • • 또 이용해 주다

4) 약이 잘 듣다 • • 다시 연락을 주다

🐤 옷이 맞지 않으면 바꾸러 오십시오.

練習 12-6) 音声をよく聞いて、(　　　　)の中に適当な単語を書き入れてみましょう。 ⁶⁶

| 힘들다 | 내리다 | 달다 | 들리다 |

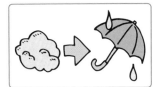
1) 내일 날씨는 좀 춥겠습니다.
　흐린 뒤에 오후부터 비가 (　　　　　　).

2) 가 : 이제 설탕은 넣지 마세요.
　　더 넣으면 너무 (　　　　　　).
　나 : 네, 알겠습니다.

3) 가 : 오늘도 새벽까지 일을 했어요.
　나 : 그래요? 많이 (　　　　　　).
　　빨리 들어가서 쉬세요.

4) 가 : 좀 크게 말씀해 주세요.
　　뒤에는 안 (　　　　　　).
　나 : 네, 그러죠.

練習 12-7) 韓国語で言ってみましょう。

1) 韓国語の辞典を貸していただけますか。

2) 毎日声を出して 20 回読んでください。

3) 韓国語は文字と発音が異なる場合があるので聞き取りが難しいです。

連体形のまとめ

	現在	過去	未来
動詞	– 는	– ㄴ / 은 – 던 (過去回想)	– ㄹ / 을
가다 먹다	가는 사람 먹는 사람 食べている人	간 사람 먹은 사람 食べた人 먹던 사람 食べていた人	갈 사람 먹을 사람 (これから)食べる人
存在詞	– 는	– 었던	– 을
있다 없다	돈이 있는 사람 돈이 없는 사람	돈이 있었던 사람 돈이 없었던 사람	돈이 있을 때 돈이 없을 때
形容詞	– ㄴ / 은	– 았던 / 었던	– ㄹ / 을
좋다 나쁘다	좋은 사람 나쁜 사람	좋았던 사람 나빴던 사람	좋을 거예요 나쁠 거예요
指定詞	– ㄴ	– 었던	– ㄹ
이다 아니다	학생인 사람 학생이 아닌 사람	산이었던 곳 산이 아니었던 곳	학생일 거예요 학생이 아닐 거예요

ハングル能力検定試験4級模擬テスト④

<文法：連体形>

1.（　　　　）の中に入れるのに最も適当なものを、①～④の中から一つ選びなさい。

1) 가 : 이 김치는 누가 만들었어요?　　나 : 어머니가 (　　　) 거예요.
　　① 만드는　　　　② 만드신　　　③ 만들　　　④ 만들은

2) 가 : 표 (　　　) 곳은 어디예요?　　나 : 저쪽이에요.
　　① 팔는　　　　　② 파는　　　　③ 팔은　　　④ 파은

3) 한국에 (　　　) 때 꼭 연락주세요.
　　① 돌아간　　　② 돌아가는　　③ 돌아갈　　④ 돌아가던

4) 잠깐 밖에 (　　　) 사이에 전화가 왔어요.
　　① 나간　　　　② 나가는　　　③ 나갈　　　④ 나가던

5) 아침을 (　　　) 후에 커피를 마셨어요.
　　① 먹는　　　　② 먹은　　　　③ 먹던　　　④ 먹을

6) 어디 (　　　) 데는 없어요?
　　① 아픈　　　　② 아프는　　　③ 아플　　　④ 아프던

7) 부산에 (　　　) 할머니에게 전화해야 돼요.
　　① 살는　　　　② 사시는　　　③ 사실　　　④ 사시던

8) 한국 음식 중에서 제일 (　　　) 음식이 뭐예요?
　　① 좋은　　　　② 좋는　　　　③ 좋아하는　　④ 좋아할

9) 전 (　　　) 음식을 정말 좋아해요.
　　① 달은　　　　② 단　　　　　③ 다는　　　④ 달던

10) 손을 (　　　) 뒤에 식사하세요.
　　① 씻은　　　　② 씨은　　　　③ 씨는　　　④ 씻는

☞ 解答はp107。

p.79 模擬テスト③の解答

解答	1.1) ②	2) ①	3) ①	4) ③	5) ④
	2.1) ④	2) ④	3) ②	4) ④	5) ①

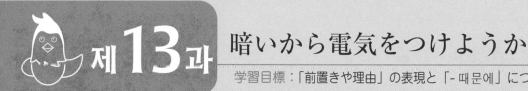

제13과 暗いから電気をつけようか

学習目標：「前置きや理由」の表現と「- 때문에」について学びます。

67 ♪
| 다음 주는 발표 때문에 바빠요. | 来週は発表のために忙しいです。 |
| 어려우니까 좀 도와주세요. | 難しいからちょっと手伝ってください。 |

POINT 1　- 니까 / 으니까　① ～(し)たら、すると　② ～だから、～ので

状況の前置きや理由をあらわす接続語尾。命令や勧誘文、「- 까요？ / 을까요？」の文では必ずこの語尾が用いられます。（*ㄹ語幹はㄹが落ちて「니까」がつく）

| 母音語幹 ＋니까 |
| ㄹ語幹 ＋니까（ㄹの脱落） |
| 子音語幹 ＋으니까 |

시계를 보니까 8시였어요. （前置き）
머리가 기니까* 깎으세요. （理由）
맛있으니까 또 만들어 주세요. （理由）

☞ 理由の「- 아서 / 어서」のあとは命令や勧誘文がくることができません。
　例）어두워서 불을 켜세요.（×）　　어두우니까 불을 켜세요.（○）

POINT 2　때문에　～のために、～のせいで （理由）

体言について理由や原因をあらわす表現。分かち書きに注意しましょう。

| 体言＋때문에 |

회의 때문에 못 가요.
발표 때문에 걱정이에요.

☞ 目的をあらわす「- 를 / 을 위해（～のために）」と間違わないようにしましょう。
　例）건배！건강을 위해！

POINT 3　ㅂ変則

語幹がㅂで終わる用言のほとんどは、語幹に「아 / 어」で始まる語尾がつくと、パッチムの「ㅂ」が「우」に変わり、「워」になります。また「으」で始まる語尾がつくと、パッチムの「ㅂ」が「우」に変わると共に、語尾の「으」が落ちます。これをㅂ変則といいます。ただし、곱다(美しい)・돕다(手伝う) だけは、「ㅂ」が「오」に変わります。

原形	- 아요 / 어요		- 았 / 었 -		- 으니까
덥다 暑い	더우어요	→ 더워요	더우었어요	→ 더웠어요	더우니까
무겁다 重い	무거우어요	→ 무거워요	무거우었어요	→ 무거웠어요	무거우니까
가깝다 近い	가까우아요	→ 가까워요	가까우았어요	→ 무거웠어요	가까우니까

☞ 語幹がㅂで終わっても좁다(狭い), 입다(着る) は規則活用をします(좁아요, 좁았어요, 좁으니까)。

練習 13-1 正しい方に○をつけて、発音してみましょう。

1) (①더워서　②더우니까) 창문을 열까요?

2) 이건 너무 (①매워서　②매우니까) 조금만 드십시오.

3) 방이 (①어두워서　②어두우니까) 불을 켜 주세요.

4) 오늘은 (①나빠서　②바쁘니까) 다음에 만나요.

練習 13-2 例にならって一つの文にして、日本語に訳しましょう。

例) 눈을 뜨다 / 아침이었다
　➡ 눈을 뜨니까 아침이었어요.　（目を覚ますと朝でした）

1) 꿈에서 깨다 / 새벽 3시였다
　➡

2) 만나 보다 / 아는 사람이었다
　➡

3) 계산해 보다 / 너무 비쌌다
　➡

練習 13-3 「때문에」を用いて答えてみましょう。 68

例) 가 : 왜 영화 보러 안 갔어요? （일）
　나 : 일 때문에 안 갔어요.

1) 가 : 무슨 문제가 있어요? （돈）
　나 :
2) 가 : 무슨 걱정이 있어요? （시험）
　나 :
3) 가 : 왜 잠을 못 잤어요? （회사 홈페이지）
　나 :

練習 13-4 「-았/었어요」を用いて次の対話を完成させ、発音してみましょう。 69

1) 가 : 한국은 어땠어요?
　나 : 일본보다 많이 (춥다 →　　　　　　　).
2) 가 : 한국 음식은 맛있었어요?
　나 : 맛있었지만 좀 (맵다 →　　　　　　　).
3) 가 : 한국어 회화는 재미있었어요?
　나 : 재미있었지만 좀 (어렵다 →　　　　　　　).

어두우니까 불을 켤까?

☐ 다녀오다	行って来る ▶다녀오겠습니다	다녀왔습니다.
☐ 냄새	におい ▶냄새가 나다	맛있는 냄새.
☐ 맵다 [-따]	(唐辛子が)辛い ▶매운탕	매운탕이에요?
☐ 맞다 [맏따] (⇔틀리다)	合っている、正しい	그래, 맞다.
☐ 뵙다 [-따] ⟨ㅂ⟩	お目にかかる	뵙게 돼서 반갑습니다.
☐ 두부	豆腐 ▶두부찌개	두부를 좋아해요.
☐ 파	ネギ ▶파김치	파를 많이 넣어 주세요.
☐ 어둡다 [-따] ⟨ㅂ⟩ (⇔밝다)	暗い (⇔明るい)	방이 어두워요.
☐ 켜다 (⇔끄다)	(火・電気を)つける ▶불을 켜다	물을 켜 주세요.
☐ 창문 (窓門)	窓 ▶창문을 열다	창문도 열까요?
☐ 무겁다 [-따] ⟨ㅂ⟩	重い ▶마음이 무겁다	가방이 무거워요?
☐ 가볍다 [-따] ⟨ㅂ⟩	軽い ▶마음이 가볍다	안 무거워요. 가벼워요.
☐ 달라지다	変わっている、変化する	방이 달라졌네요.
☐ 프린터 3級	プリンター cf. 프린트	새 프린터가 아니에요?
☐ 노트북 3級	ノート型パソコン	노트북은 누구 거예요?
☐ 음반 (音盤)	レコード、CD(시디)	음반도 있네요.
☐ - 들	～ら、～たち ▶학생들	이것들 때문이에요.
☐ 좁다 [-따] (⇔넓다)	狭い ▶좁아지다 狭くなる	방이 좁아졌어요.
☐ 그때	その時 ▶이때	그때 다치셨죠?
☐ 다치다	けがをする	다친 데는 어때요?
☐ - 데	～ところ ▶다친 데, 아픈 데	아픈 데는 괜찮아요?
☐ 지갑	財布 ▶지갑을 잃어버리다	그런데 지갑은 어디 있어요?
☐ 잃어버리다 [이러버리다]	なくす、失う	지갑을 잃어버렸어요.
☐ 옛날 [옌날]	昔 ▶옛날 이야기	옛날에도 한 번 잃어버렸어요.
☐ - 잖아요 [자나요] (?)	～じゃないですか、～でしょう	옛날에도 잃어버렸잖아요?
☐ 깎다 [깍따]	①刈る、削る ②値引きをする ▶값을 깎다	머리를 깎았어요.
☐ 기억 (하) [기어카다]	記憶(する) ▶기억이 나다 思い出す	그 후에 기억이 안 나요.

| 会 話 | スアの家を訪れた日、亮太は財布をなくしてしまいました。 |

수아 ❶ 다녀왔습니다. 이게 무슨 냄새죠? 매운탕?

어머니 ❷ 그래, 맞다. 잘 아네.

❸ 어서 와요.

료타 ❹ 안녕하세요? 뵙게 돼서 반갑습니다.

수아 ❺ 료타 씨는 두부하고 파를 좋아하**니까** 많이 넣어 주세요.

어머니 ❻ 알았다. 방이 어두우**니까** 불을 켤까?

수아 ❼ 제가 켤게요. 창문도 열고요.

❽ 료타 씨, 무거운 가방은 여기에 놓아요.

료타 ❾ 네. 이거 안 무거워요. 가벼워요.

❿ 어? 방이 달라졌네요. 새 프린터에 노트북에 음반까지.

수아 ⓫ 다 오빠 거예요. 이것들 **때문에** 방이 좁아졌어요.

⓬ 그때 다친 데는 좀 어때요?

료타 ⓭ 괜찮아요. 그런데 아까 지갑을 잃어버렸어요.

수아 ⓮ 어디서? 옛날에도 한 번 잃어버렸잖아요?

료타 ⓯ 머리를 깎고 2만 원을 낸 후에…… 기억이 잘 안 나요.

☑ 音読 check!　

☑ 発音のポイント

❼ 켤게요 [켤께요]

❽ 놓아요 [노아요]

❿ 달라졌네요 [달라전네요]

⓮ 잃어버렸잖아요 [이러버렫짜나요]

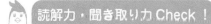

1. 어머니는 뭘 만들고 있었습니까?

2. 료타는 뭘 좋아합니까?

3. 창문은 누가 열었습니까?

4. 수아 방에는 무엇이 있었습니까?

5. 료타는 지갑을 잃어버린 게 몇 번째입니까?

6. 료타는 머리를 깎고 얼마를 냈습니까?

■ 単語力 Up ■

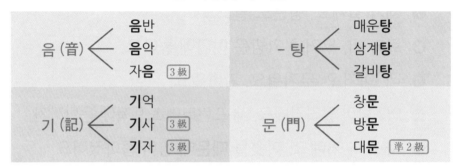

練習 13-5) 「単語力 Up」から適当な単語をすべて選び、発音してみましょう。

1) 방에 음반이 많네요. (　　　　　　)을 좋아하세요?

2) 어제 (　　　　　　)을 먹었어요. 무척 맛있었어요.

3) 좀 덥네요. (　　　　　　)을 열까요?

4) 박 기자님, 세가 이진에 쓴 (　　　　　　), 기억하세요?

もっと知りたい！

Q：「다녀오겠습니다」（行ってきます）は、日本語では子供から大人まで幅広く使われていますが、韓国語でも同じですか。

A：「다녀오겠습니다」は控えめ目の「겠」があるために、子供が親に、部下が上司に、目下の人が目上の人に対して使います。対等な関係では語尾を変えて「다녀올게요」「다녀올게」「다녀와」などが用いられます。

練習 13-6 次の文にふさわしいものを結び、日本語に訳しましょう。

1) 냄새가 (①나서 ②나니까) 빨리 버리고 와요.

2) 지갑을 잃으면 (①안 돼서 ②안 되니까) 가방에 넣으세요.

3) 그 이야기는 말이 (①안 돼서 ②안 되니까) 말하지 말아요.

4) 어제 먹은 술 (①때문에 ②을 위해서) 너무 힘들어요.

5) 이 돌 하나 (①때문에 ②를 위해서) 동생과 싸웠어요.

練習 13-7 音声をよく聞いて、質問の答えとしてもっとも適当なものを選んでみましょう。 72

1) 생일 선물로 산 것은 몇 번입니까?

2) 우리 집은 몇 번입니까?

3) 가방 안의 물건은 몇 번입니까?

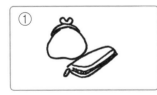 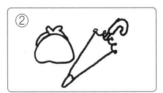 

練習 13-8 韓国語で言ってみましょう。

1) 昨日行けなかったのは、お酒のせいです。

2) 髪を切ると、もっとかわいいですね。

3) すみませんが、寒いからドアを閉めてください。

4) すこし遠いからバスに乗って行きましょう。

地方に行くと言っていました

学習目標：한다体の平叙形と平叙形の引用文、「禁止」の表現を学びます

73 ♪

여행을 떠난다, 친구와 간다고 했다.　　旅立つ、友人と行くと言っていた。

우리도 일하지 말고 여행 갈까?　　私たちも仕事しないで旅行に行こうか？

POINT 1　한다体の平叙形

　聞き手への丁寧な気持ちがまったく含まれていない、ぞんざいな言い方の「한다体」を学びます。主に新聞や雑誌などで用いられますが、会話でも目下の人や友達どうしで使うことがあります。まず平叙形からです。（＊ㄹ語幹はㄹが落ちて「-ㄴ다」がつく）

形容詞	語幹 ＋다	머리가 길다.
存在詞	語幹 ＋다	시간이 있다.
動詞	母音語幹 ＋ㄴ다	학교에 간다.
	ㄹ語幹 ＋ㄴ다（ㄹの脱落）	손님을 안다.*
	子音語幹 ＋는다	점심을 먹는다.

なお、過去形は品詞を問わず「-았/었-」を、未来形も品詞を問わず「-겠으」を語幹と語尾の間に置きます。
例）過去：갔다, 알았다, 먹었다　未来：가겠다, 알겠다, 먹겠다

☞ 한다体の否定形：動詞 →「-지 않는다」　形容詞 →「-지 않다」

POINT 2　平叙形の引用文　～だそうだ、～という

　한다体の平叙形に「-고」をつけると、引用や伝言をあらわすことができます。「-고 하다」は「～だそうだ、～という」の意味の慣用表現です。（＊ㄹ語幹はㄹが落ちて「-ㄴ다고」がつく。指定詞［現在］の引用文については、第2課参照）

形容詞	語幹 ＋다고	머리가 길다고 한다.
存在詞	語幹 ＋다고	시간이 있다고 했다.
動詞	母音語幹 ＋ㄴ다고	학교에 간다고 합니다.
	ㄹ語幹 ＋ㄴ다고（ㄹの脱落）	손님을 안다고 해요.*
	子音語幹 ＋는다고	점심을 먹는다고 했어요.

POINT 3　-지 말다　～するのをやめる、～（し）ない（禁止）

　禁止や否定をあらわす表現。命令文での「-지 마십시오/마세요」や勧誘文での「-지 말고」という表現がよく使われます。（＊は、말다のㄹが落ちて「-세요」がついたものです）

語幹＋지 마세요*	말을 시키지 마세요.*
語幹＋지 말고	앉지 말고 일어서세요.

亮太が書いた文章を読んでみましょう。また日本語に訳しましょう。

> 오늘은 수민이 집에 갔다. 어머님이 만드신 매운탕을 아주 맛있게 먹었다. 내가 두부하고 파를 좋아한다고 많이 넣어 주셨다. 수아 방에는 전에 없던 새 프린터에 노트북에 음반까지 있었다. 다 수민이 것이라고 한다. 그것들 때문에 방이 좁아졌다고 했다.

練習 14-2 平叙形の引用文にして、発音してみましょう。

> 例) (료타) "잘 지냅니다."
> ➡ 료타가 잘 지낸다고 했어요.

1) (에미) "정말 감사드립니다."
   ➡

2) (료타) "잘 먹겠습니다."
   ➡

3) (수아) "수고 많으셨습니다."
   ➡

4) (동생) "신세 많이 졌습니다."
   ➡

練習 14-3 次の状況で、禁止の「- 지 마세요」を用いて言ってみましょう。

> 例) 하루에 커피를 다섯 잔 마신다.
> ➡ 커피를 너무 많이 마시지 마세요.

1) 거의 매일 지각한다.

2) 방에서 담배를 피우고 있다.

3) 시험을 걱정하고 있다.

4) 지하철에서 큰 소리로 말한다.

지방에 간다고 했어요

□ 나누다	分ける、(話・あいさつを) 交わす	이야기를 나누었어요.
□ 반 3級	班、クラス	같은 반이에요.
□ 부인	夫人、奥様	친구 부인이에요.
□ 사장(님)	社長	제가 아는 사장님이에요.
□ 비슷하다 [비스타다]	似ている	그분과 비슷해요.
□ 바로	まっすぐに、すぐ、まさに	바로 학교로 갈래요?
□ 거리	①街、通り ②距離 ▶거리가 멀다	학교까지는 거리가 멀죠?
□ 꽤 3級	ずいぶん、かなり	꽤 거리가 있어요?
□ 그렇게 [그러케]	そんなに、それほど	그렇게 안 멀어요.
□ 빨리	早く、速く	너무 빨리 달리는 게 아니에요?
□ 달리다	①走る ②走らせる	빨리 달리지 마세요.
□ 부르다 〈르〉	呼ぶ、歌う ▶노래를 부르다	수아도 부를까요?
□ 지방	地方	수아는 지방에 갔어요.
□ 모이다	集まる cf. 모으다 集める	다 같이 모이는 게 어렵네요.
□ 이번	今回、今度	이번에 놀러 가요.
□ 방학(하) [방하카다]	(学校の)長期休暇 ▶겨울 방학	방학하면 놀러 가요.
□ 맞추다	合わせる、当てる、あつらえる	날짜를 맞춰 봐요.
□ 남쪽	南、南側、南の方	남쪽으로 가요.
□ 섬	島 ▶섬나라	남쪽 섬으로 가요.
□ 배②	舟、船 ▶배편 船便	배편으로 갈까요?
□ - 대	～台 ▶차 한 대	자동차 한 대로 가요.
□ -(으)면 어때요?	～したらどうですか	자동차로 가면 어때요?
□ 의견	意見 ▶의견을 모으다	먼저 의견을 들어 보죠.
□ 정하다	決める、定める	의견을 들어 보고 정하죠.
□ 잡다 [- 따]	捕まえる、取る、(計画を) 立てる	제가 계획을 잡아 볼게요.
□ - 박 3級	泊 ▶2박 3일	2박 3일은 어떨까요?
□ 준비(하)	準備、用意するもの ▶준비물	준비할 게 있으면 말해 줘요.

| 会 話 | スミンが運転する車の中で、恵美たちが休暇について話し合っています。 |

에미　❶ 아까 이야기를 나눈 사람은 누구예요?

수민　❷ 같은 반 친구 부인이에요. 왜요?

에미　❸ 제가 아는 사장님하고 비슷해서요.

수민　❹ 바로 학교로 갈래요?

에미　❺ 네. 여기서 학교까지 거리가 꽤 멀죠?

수민　❻ 아니, 그렇게 안 멀어요.

에미　❼ 너무 빨리 달리**지 마세요**.

　　　❽ 저, 수아 씰 불러서 같이 저녁이나 먹을까요?

수민　❾ 수아는 며칠 전에 지방에 **간다고 했어요**.

에미　❿ 그래요? 다 같이 모이는 게 어렵네요.

수민　⓫ 이번 방학 때 날짜를 맞춰서 남쪽 섬으로 놀러 가요.

에미　⓬ 좋아요. 배편으로 가요.

　　　⓭ 아니, 4명이니까 자동차 한 대로 가면 어때요?

수민　⓮ 그건 수아하고 료타 씨 의견을 들어 보고 정하죠.

　　　⓯ 그럼 제가 계획을 잡아 볼게요. 2박 3일 정도가 좋을까요?

에미　⓰ 네. 전 괜찮아요. 준비할 게 있으면 말해 줘요.

☑ 音読 check!　

☑ 発音のポイント
　❸ 비슷해서요 [비스태서요]
　❿ 어렵네요 [어렴네요]

1. 수민이하고 인사를 나눈 사람은 누구입니까?

2. 학교까지는 거리가 멉니까?

3. 저녁에 수아를 만났습니까?

4. 오늘 수아는 어디에 갔습니까?

5. 방학 때 어디로 놀러 갑니까?

6. 여행계획은 누가 잡습니까?

■　単語力 Up　■

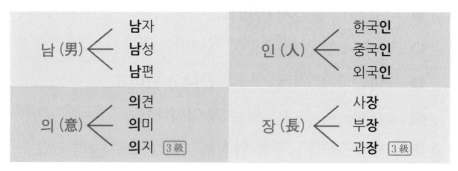

練習 14-4）「単語力 Up」から適当な単語をすべて選び、発音してみましょう。

1）그 사람의 남편은 컴퓨터 회사의 (　　　　　　)이에요.

2）부인이 (　　　　　　)이라고요.

3）내년에는 우리 지방에 (　　　　　　) 있는 일을 하고 싶어요.

4）사장님의 (　　　　　　)을 말씀해 주세요.

5）그런 일은 (　　　　　　)만으로는 어려워요.

もっと知りたい！

Q：「달리다」も第 8 課の「뛰다」も「走る」という意味ですが、どう違いますか。

A：「車や電車などが走る」のは「달리다」を、「人や動物が走る」のは「뛰다」と「달리다」の
　両方を使います。しかし「달리다」のほうが「뛰다」よりスピード感があります。

練習 14-5　文をつないで、例のように言ってみましょう。

1) 눈을 감다   •　　　　　•　버스를 타고 가다

2) 택시를 잡다   •　　　　　•　눈을 뜨다

3) 계속 누워 있다   •　　　　　•　메일을 보내다

4) 전화를 걸다   •　　　　　•　빨리 일어나다

눈을 감지 말고 눈을 뜨세요.

練習 14-6　音声を聞いて対話文を完成させ、会話の練習をしましょう。 76

짓다	찍다	잃다	늦다

1) 가 : 뭐라고 해요?
　　나 : 동생이 시장에서 길을 (　　　　　　　　).
　　가 : 그럼 빨리 가 봐요.

2) 가 : 다나카 씨한테서 연락이 있었어요?
　　나 : 네, 조금 (　　　　　　　　).
　　　　먼저 식사를 시키죠.

3) 가 : 그 일은 어떻게 됐어요?
　　나 : 벌써 도장을 (　　　　　　　　).
　　가 : 정말? 어떻게 하죠.

4) 가 : 왜요? 무슨 일이에요?
　　나 : 내년에 새집을 (　　　　　　　　).
　　가 : 와, 좋겠다.

練習 14-7　スミンが書いた文章を読んでみましょう。
　　　　　また14課の本文を恵美の立場で書いてみましょう。

오늘은 내 차에 에미를 태우고 학교까지 갔다. 학교까지는 그렇게 멀지 않았다. 차 안에서 휴가에 대해서 이야기를 나눴다. 이번에는 남쪽 섬으로 놀러 가려고 한다. 에미도 좋다고 한다. 준비물은 내가 맡겠다고 했다.

「한다体」と「해体」

	한다体	해体
定義	聞き手への丁寧な気持ちがまったく含まれていない、ぞんざいな言い方。	待遇表現をぼかす言い方。
使い方	主に新聞や雑誌などの書き言葉で用いられるが、会話でも目下の人や親しい友達に対して使われる。 子供が親に使うことは許されない。	日常会話において友達や恋人、家族など親しい間柄で用いられる。 子供が親に使うことが許される。
叙述形	動詞の語幹＋ㄴ다 / 는다（現在形） ☆存在詞・形容詞・指定詞の現在形は、原形と同じである。 ☆過去形は「았 / 었」を、未来形や推量は「겠」を語幹と語尾の間に入れる。	陽母音語幹　＋아 陰母音語幹　＋어 하다用言 하＋여 → 해 ★母音体言　＋야 ★子音体言　＋이야
疑問形	動詞・存在詞の語幹　　＋느냐?/니? 形容詞・指定詞の語幹　＋(으)냐?/(으)니?	
勧誘形	動詞と「있다」の語幹　＋자	
命令形	陽母音語幹　＋아라 陰母音語幹　＋어라 하다用言 하＋여라 → 해라	
例文	나 (이)다. 난 오늘 학교에 안 간다. 넌 학교에 가냐?* / 가니? 오후에 시간 있냐?* / 있니? 시간 있으면 같이 영화나 보자. 그럼, 나중에 전화해라.	나야. 난 오늘 학교에 안 가. 넌 학교에 가? 오후에 시간 있어? 시간 있으면 같이 영화나 봐. 그럼, 나중에 전화해.

☞ 「해体」は、「해요体」と同様、文脈やイントネーションによって叙述（↘）、疑問（↗）、勧誘（→）、命令（↓）を使い分けることができます(p.38参照)。

＊最近の話し言葉では「느」「으」が省略された「‐냐?」「‐니?」の形が広く使われています。

間違えやすい助詞

◆ -를 / 을 좋아하다 / 싫어하다 　〜が好きだ / 嫌いだ　(p.13 参照)	저는 동물을 좋아해요. 우리 엄마는 고양이를 싫어해요.
◆ -를 / 을 잘하다 / 못하다 　〜が上手だ / 下手だ	저는 한국어를 잘해요. 우리 동생은 영어를 못해요.
◆ -를 / 을 타다 　〜に乗る　(p.54 参照)	한강공원에 가서 자전거를 탔어요. 학교까지는 전철을 타고 가요.
◆ -를 / 을 만나다 　〜に会う	어제 백화점 앞에서 친구를 만났어요. 오후에 선생님을 만나러 가요.
◆ -가 / 이 되다 　〜になる　(p.12 参照)	저는 은행원이 되고 싶어요. 언니(누나)는 다음 달에 엄마가 돼요.
◆ -가 / 이 먹고 싶다 　〜が食べたい　(p.10 参照) 　〜を食べたい	오늘은 냉면이 먹고 싶어요. 전 김치가 먹고 싶어요.
◆ -로 / 으로 하다 　〜にする　(p.82 参照)	뭘로 할래요? 저는 비빔밥으로 할래요. 그럼, 저는 불고기로 하겠습니다.
◆ -를 / 을 가다 　〜(し)に行く(目的)　(p.58 参照)	제주도로 여행을 가요. 내년에 유학을 가게 됐어요.

p.93 模擬テスト④の解答

解答　1. 1) ②　2) ②　3) ③　4) ①　5) ②　6) ①　7) ②　8) ③　9) ②　10) ①

제 15 과　テレビをちょっと消して

学習目標：解体と「-자」、勧誘形の引用文について学びます。

밥 먹을래? 카레를 만들자.　　　　ご飯、食べる? カレーを作ろう。

료타가 카레를 만들자고 해서요.　　亮太がカレーを作ろうと言っていたので。

POINT 1　해체＝반말

　待遇表現をぼかす言い方の「解体」を学びます。日常会話において友達や家族など親しい関係で用いられます。子供が親に対して使うこともあります。解要体と同様、文脈やイントネーションによって叙述(↘)・疑問(↗)・勧誘(→)・命令(↓)をあらわすことができます。なお指定詞の解体は形が違うので注意しましょう。

陽母音語幹＋아(?)	여기 앉아. （↓）
陰母音語幹＋어(?)	빨리 마셔. （→）
하다用言 하+여 → 해(?)	어디서 공부해? （↗）
★母音体言＋야(?)	누구야? （↗）　나야. （↘）
★子音体言＋이야(?)	이건 내 책이야. （↘）

　また今まで学んできた、- 네요、-(이)라고요(?)、- 지요、- 거든요、- ㄹ까요?、- ㄹ래요(?)、- ㄹ게요、- 잖아요(?) などから丁寧をあらわす「요」を取り除くと反말になります。

POINT 2　① - 자　〜(し)よう（한다体の勧誘形）　② 勧誘形の引用文

　勧誘や提案、要求などをあらわす한다体の終結語尾。友達や目下の人に使います。また「- 자」のあとに「- 고 하다」をつけると勧誘形の引用や伝聞をあらわすことができます。

① 語幹＋자	가자, 놀자, 먹자.
② 語幹＋자고 하다	그냥 집에 있자고 했다.

POINT 3　- 아서요 / 어서요　〜のでね、〜からです

　理由をあらわす接続語尾の「- 아서 / 어서」に、丁寧をあらわす「요」がついた表現。

陽母音語幹＋아서요	가 : 왜 지각했어?	나 : 늦게 일어나서요.
陰母音語幹＋어서요	가 : 일찍 가네.	나 : 일이 좀 있어서요.
하다用言 하+여서요 → 해서요	가 : 차, 샀어?	나 : 네. 필요해서요.
★母音体言＋여서요	가 : 어디 가?	나 : 휴가여서요. 놀러 가요.
★子音体言＋이어서요	가 : 집에 있네.	나 : 쉬는 날이어서요.

☞ 「体言＋(이)라서요」という形もあります。　　例）　휴가라서요. 쉬는 날이라서요.

練習 15-1) 下線の部分を「해体」に変えて発音してみましょう。

에미 ① 아까 이야기를 나눈 사람은 <u>누구예요</u>?

수민 ② 같은 반 친구 <u>부인이에요</u>. 왜요?

에미 ③ 제가 아는 사장님하고 <u>비슷해서요</u>.

수민 ④ 바로 학교로 <u>갈래요</u>?

에미 ⑤ <u>네</u>. 여기서 학교까지 거리가 꽤 <u>멀죠</u>?

수민 ⑥ 아니, 그렇게 안 <u>멀어요</u>.

에미 ⑦ 너무 빨리 달리지 <u>마세요</u>.

⑧ 저, 수아 씨 불러서 같이 저녁이나 <u>먹을까요</u>?

수민 ⑨ 수아는 며칠 전에 지방에 간다고 <u>했어요</u>.

에미 ⑩ <u>그래요</u>?

練習 15-2) 勧誘形の引用文にして、日本語に訳しましょう。

例) (수민) "휴가 때 같이 놀러 가요."
➡ 수민이가 휴가 때 같이 놀러 가자고 했어요.
(スミンが休暇のとき一緒に遊びに行こうと言いました)

1) (에미) "이번에는 배편으로 가요."
➡

2) (료타) "내일 같이 저녁이나 먹지요."
➡

3) (교수) "인터넷의 영향에 대해서 생각해 보자."
➡

4) (사장) "결과를 보고 결정합시다."
➡

練習 15-3) 「- 아서요 / 어서요」で答えてみましょう。 78 ♪

例) 가 : 오늘은 좀 늦었네요. (버스가 안 오다)
나 : 네, 버스가 안 와서요.

1) 가 : 같이 놀러 안 가요? (머리가 좀 아프다)
나 : 네,

2) 가 : 수민 씨가 안내하려고요? (시간이 좀 있다)
나 : 네,

3) 가 : 국에 물을 더 넣으려고요? (좀 짜다)
나 : 네,

4) 가 : 오늘도 낮은 구두를 신었네요. (너무 편하다)
나 : 네,

텔레비전 좀 꺼 줘

□ 농구(籠球)	バスケットボール	우리 농구 하자.
□ 공	ボール　▶축구공, 농구공	공은 어디 있지?
□ 배부르다 ⟨르⟩	お腹がいっぱいだ	싫어. 배불러서…… .
□ 끄다(⇔켜다) ⟨으⟩	(電気製品・明かりを)消す(⇔点ける)	텔레비전 좀 꺼 줘.
□ 편하다 [펴나다]	楽だ、気楽だ、便利だ	편하게 있을래.
□ 눕다 [- 따] ⟨ㅂ⟩	横になる	누워 있을래.
□ 피곤하다 [피고나다]	疲れている	많이 걸어서 피곤해.
□ 제주도	済州島、済州道　▶- 도(道)	제주도에까지 와서 왜?
□ 하룻밤 [하룬빰]	ひと晩、ある晩　▶하루	하룻밤 사이에 무슨 일이야?
□ 흰머리 [힌 -]	白髪　▶희다	흰머리가 났어.
□ 생기다	生じる、できる　▶문제가 생기다	흰머리가 생겼네.
□ 거짓말 [거진말] 3級	うそ　▶거짓말을 하다	거짓말이지?
□ 거울	鏡	거울 좀 줘 봐.
□ 사이	①間　②仲　▶사이가 좋다	사이가 좋네.
□ 싸우다	けんかをする、戦う、争う	우린 안 싸워.
□ 이기다(⇔지다)	勝つ(⇔負ける)	싸우면 누가 이겨?
□ 이해(하)	理解(する)　▶이해심	이해심이 많거든.
□ 메뉴	メニュー	저녁 메뉴는 뭐야?
□ 차례 [차례](次例)	順序、順番、目次	누구 차례야?
□ - 식 3級	〜式　▶결혼식, 일본식	일본식이야.
□ 카레 3級	カレー　▶카레라이스	일본식 카레야.
□ 얼마나	どんなに、どれぐらい、いくらぐらい	얼마나 맛있을까.
□ 기대(되) 3級	期待(される)　▶기대(하)	기대된다.
□ 혹시 [혹씨]	もしかして、万一	혹시 못 봤어?
□ 부엌 [부억]	台所　▶부엌일 [부엉닐]	부엌에 좀 와 봐.
□ 칼	ナイフ、包丁、刃物　▶부엌칼	부엌칼이 없네.
□ 비누	石けん　▶비누로 씻다	비누는 저기 있네.

| 会 話 | 済州島に来たスミンたち、楽しい時間をすごしているようです。 |

수민　❶ 우리 농구 하**자**. 공은 어디 있**지**?

수아　❷ 난 싫**어**. 배불러서……. 텔레비전 좀 꺼 **줘**.

　　　❸ 그냥 편하게 누워 있**을래**. 많이 걸어서 피곤**해**.

수민　❹ 뭐**라고**? 제주도에까지 와서 누워 있으면 안 되**지**.

수아　❺ 어? 오빠, 하룻밤 사이에 흰머리가 생겼**네**.

수민　❻ 거짓말? 거울 좀 줘 **봐**. 정말이네!

　　　　（恵美がやってきて）

에미　❼ 둘이 사이가 좋네요. 둘이 싸우면 누가 이겨요?

수민　❽ 우린 안 싸워요. 수아가 이해심이 많거든요.

　　　❾ 아, 오늘 저녁 메뉴는 뭐예요? 에미 씨가 만들 차례죠?

에미　❿ 네. 일본식 카레예요.

　　　⓫ 료타가 카레를 만들**자고 해서요**.

수민　⓬ 얼마나 맛있을까 기대됩니다.

에미　⓭ 근데 혹시 부엌칼하고 비누 못 봤어요?

　　　⓮ 아, 저기 있네요.

✓ 音読 check!　| 正 | | | |

✓ 発音のポイント

❸ 편하게 [펴나게]

❺ 생겼네 [생견네]

❼ 좋네요 [존네요]

❽ 많거든요 [만커든뇨]
　　（ㄴの挿入⇒ p.90）

⓮ 있네요 [인네요]

1. 수아는 왜 누워 있으려고 합니까?

2. 흰머리가 생긴 사람은 누구입니까?

3. 수민이와 수아는 자주 싸웁니까?

4. 저녁은 누가 만듭니까?

5. 저녁 메뉴는 무엇입니까?

6. 카레는 누가 만들자고 했습니까?

■ 単語力 Up ■

練習 15-4 「単語力 Up」から適当な単語をすべて選び、発音してみましょう。

1) 오늘 점심은 (　　　　　　)이 어때요?

2) 한국의 (　　　　　　)에는 가 봤어요?

3) 이번에 처음으로 가요. (　　　　　　)하고 있어요.

4) 꽃이 참 예쁘게 필 때예요, (　　　　　　)가 좋네요.

5) 제가 가는 (　　　　　　)도 바로 그거예요.

もっと知りたい！

Q：「- 자」だけではなく、勧誘の「- 지요」「- 아요 / 어요」「- ㅂ시다 / 읍시다」なども伝聞・引用文では すべて「- 자고」になるのですか?

A：はい、そうです。その通りです。

　例) 같이 가시지요. 같이 가요. 같이 가. 같이 갑시다. → 같이 가자고 했어요.

練習 15-5　次の文にふさわしいものを選び、日本語に訳しましょう。

1）사전을 (①찾으니까　②찾아서) 단어의 뜻을 써.

2）방법이 (①없으니까　②없어서) 그대로 두자.

3）술이 (①깨면　②깨서) 다시 이야기하자.

4）돈을 (①세 보니까　②세 보면) 만 원이 모자라네.

5）나이를 (①먹으니까　②먹으면) 잊어버릴 거야.

練習 15-6　音声を聞いて対話文を完成させ、会話の練習をしましょう。　81 ♪

1）가 : 어디 가요?
　　나 : 부장님이 영화를 보러 (　　　　　　　　　).
　　가 : 네, 즐거운 시간 보내세요.

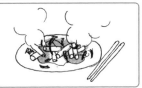

2）가 : 뭐 만들어요?
　　나 : 동생이 떡볶이를 같이 (　　　　　　　　　).
　　가 : 와, 맛있겠네요.

3）가 : 역사 강의도 들어요?
　　나 : 네, 친구가 같이 (　　　　　　　　).
　　　　아주 재미있다고 해요.

4）가 : 휴가는 어디로 가요?
　　나 : 아직 못 정했어요. 친구들이 다른 사람
　　　　의견도 들어 보고 (　　　　　　　　).
　　가 : 그래요? 저는 남쪽 섬으로 가요.

練習 15-7　韓国語(반말)で言ってみましょう。

1）テレビをちょっと消してね。

2）先生によろしく伝えてね。

3）一緒に歴史の講義を聞こうというから。

4）今年の休暇は南の島へ行こうというから。

◇ 가 : 언제 왔어요? （時をあらわす副詞）

　　나 : 아까 왔어요.

　　　　지금

　　　　바로

　　　　일찍

　　　　나중에

　　　　벌써

◇ 가 : 서울에 가고 싶어요? （頻度や気持ちの程度をあらわす副詞）

　　나 : 자주 가고 싶어요.

　　　　가끔

　　　　자꾸

　　　　반드시(= 꼭)

　　　　그냥

　　　　갑자기

　　　　늘

◇ 가 : 어떻게 했어요?　（どのようにしたのか、結果や程度をあらわす副詞）

　　나 : 열심히 했어요.　　　　　　다 : 정말로 잘했어요.

　　　　저렇게　　　　　　　　　　　참

　　　　이렇게　　　　　　　　　　　무척

　　　　잘못　　　　　　　　　　　　매우

　　　　겨우　　　　　　　　　　　　가장(＝제일)

　　　　　　　　　　　　　　　　　　아주

　　　　　　　　　　　　　　　　　　진짜

◇ 가 : 어떻게 됐어요?　　（否定の表現と共に用いられる，結果や程度をあらわす副詞）

　　나 : 전혀 못 / 안 했어요.　　　　다 : 아직까지 못 / 안 했어요?

　　　　아직　　　　　　　　　　　　아직도

　　　　하나도

　　　　조금도

◇ 가 : 어떻게 될까요?　（断定や推量の表現とともに用いられる副詞）

　　나 : 절대로 못할 거예요.

　　　　아마(도)

ハングル能力検定試験 4 級模擬テスト⑤

<単語：副詞>

1. （　　　）の中に入れるのに最も適当なものを、①～④の中から一つ選びなさい。

1) 가 : 벌써 오셨어요?　　　　나 : 네, 좀 （　　　）왔어요.
　　① 그냥　　　　② 반드시　　　③ 아까　　　④ 늦게

2) 가 : 이번 시험은 어땠어요?　　나 : 어려웠어요. 전 （　　　）붙었어요.
　　① 그냥　　　　② 반드시　　　③ 아까　　　④ 겨우

3) 가 : 그 영화는 어땠어요?　　나 : 영화요? （　　　）재미없었어요.
　　① 아직까지　　② 반드시　　　③ 조금도　　④ 겨우

4) 이건 비밀이에요. （　　　）말하지 마세요.
　　① 아무도　　　② 아무에게도　③ 누구도　　④ 누구에게도

5) 전 잘 지냅니다. （　　　）문제도 없어요.
　　① 아무　　　　② 어떻게　　　③ 어느　　　④ 이렇게

2. 次の文の意味を変えずに置き換えが可能なものを、①～④の中から一つ選びなさい。

1) 가 : 그 사람, 일은 잘해요?　　나 : 아뇨, <u>전혀</u> 못해요.
　　① 제법　　　　② 조금　　　　③ 겨우　　　④ 하나도

2) 가 : 여자 친구한테서는 연락이 왔어요?
　　나 : 아뇨, <u>아직도</u> 연락이 없어요.
　　① 아직까지　　② 조금도　　　③ 절대로　　④ 그대로

3) 내년에는 <u>반드시</u> 한국에 가 보려고 해요.
　　① 그냥　　　　② 꼭　　　　　③ 아주　　　④ 갑자기

4) 한국어 발음이 <u>많이</u> 좋아졌어요.
　　① 조금　　　　② 아주　　　　③ 그냥　　　④ 갑자기

☞ 解答はp123。

p.123 模擬テスト⑥の解答

解答	1. 1) ③	2) ②	3) ③	4) ①	5) ②
	2. 1) ③	2) ②	3) ①	4) ②	5) ④

제 16 과　お兄さんの秘密

学習目標：「経験」や「可能・不可能」の表現を学びます。

🎵 82

밝은 표정을 찾아 볼 수 없다.	明るい表情を探すことができない。
이상하다. 지금까지 이런 적이 없었다.	おかしい。今までこんなことはなかった。

 POINT 1　– ㄴ/은 적이 있다/없다　～（し）たことがある/ない（経験）

過去の出来事や経験の有無をあらわす表現。（＊ ㄹ語幹はㄹが落ちて「– ㄴ 적이 있다 / 없다」がつく）

母音語幹＋ㄴ 적이 있다 / 없다
ㄹ語幹＋ㄴ 적이 있다 / 없다 （ㄹの脱落）
子音語幹＋은 적이 있다 / 없다

한국에 간 적이 있어요.
부산에 산 적은 없어요.＊
김밥을 먹은 적이 있어요.

☞ – ㄴ / 은 일이 있다 / 없다も「～したことがある / ない」という意味です。

 POINT 2　– ㄹ/을 수 있다/없다　～（する）ことができる/できない（可能・不可能）

可能や不可能をあらわす表現。不可能は、第 4 課で学んだ「못＋動詞」や「– 지 못하다」に置き換えることができます。（＊ ㄹ語幹はㄹが落ちて「– ㄹ 수 있다 / 없다」がつく）

母音語幹＋ㄹ 수 있다 / 없다
ㄹ語幹＋ㄹ 수 있다 / 없다 （ㄹの脱落）
子音語幹＋을 수 있다 / 없다

혼자 설 수 없어요. / 못 서요.
내일은 놀 수 없어요.＊ / 못 놀아요.
사장님은 믿을 수 있어요.

☞ 「– ㄹ / 을 수」のあとには「가・는・도」などの助詞を挿入することができます。
　例）갈 수가 없어요. 갈 수는 없어요. 갈 수도 없어요.

 POINT 3　ㅎ変則

　「이렇다」のように語幹末のパッチムがㅎである形容詞のうち、「좋다」以外の形容詞は変則活用をします。語幹に「– 아/어」がつく場合はㅎが脱落し、語幹末のㅏ / ㅓはㅐに、ㅑ / ㅕはㅒに変化します。また「– 으」で始まる語尾がつく場合は、ㅎと으の部分が共に落ちます。これを「ㅎ変則」といいます（놓다などの動詞はすべて規則用言です）。

原形 ＼ 語尾	ㅎの脱落、ㅏ / ㅓ→ㅐ、ㅑ / ㅕ→ㅒ		ㅎと으の脱落	
	– 아요 / 어요	– 았 / 었 –	– 으면	– 은 （連体形）
이렇다 こうだ	이래요	이랬어요	이러면	이런 것
노랗다 黄色い	노래요	노랬어요	노라면	노란 것
하얗다 白い	하얘요	하얬어요	하야면	하얀 것

練習 16-1　「－ㄴ / 은 적이 있다」か「－ㄴ / 은 적이 없다」で答えてみましょう。

例) 가 : 한국의 수도에 가 봤어요?　(두 번)
　　나 : 서울요? 두 번 가 본 적이 있어요.

1) 가 : 이 노래를 들어 봤어요?　(여러 번)
　　나 : 네,

2) 가 : 한국의 지방 도시에도 가 봤어요?　(한 번도)
　　나 : 아뇨,

3) 가 : 한국 술을 마셔 봤어요?　(두세 번)
　　나 : 그럼요.

4) 가 : 바지(치마) 저고리를 입어 봤어요?　(한 번)
　　나 : 네,

練習 16-2　例にならって文を作り、発音してみましょう。

例) 차이를 이해하다
　　➡ 차이를 이해할 수 있어요?　　　아뇨, 이해할 수 없어요.

1) 빈방을 빌리다
　　➡

2) 100까지 수를 세다
　　➡

3) 콘서트를 열다
　　➡

4) 답을 쓰다
　　➡

練習 16-3　次の対話を完成させ、日本語に訳しましょう。

例) (이렇다 → 이런) 색도 예뻐요.
　　➡ こんな色もきれいですよ。

1) 이 (노랗다 →　　　　　　) 색 치마는 어때요?
　　➡

2) 좋네요. 아까 본 것은 너무 (노랗다 →　　　　　　).
　　➡

3) 저 (까맣다[黒い] →　　　　　　) 바지를 입어 봐도 돼요?
　　➡

4) 네, 입어 보세요. (그렇다 →　　　　　　) 색깔도 괜찮아요.
　　➡

오빠의 비밀

☐ 돌아오다	戻ってくる、帰ってくる	며칠 전에 돌아왔다.
☐ 이후(⇔이전)	以降、以後(⇔以前)	제주도에서 돌아온 이후
☐ 밝다 [박따]	明るい ▶날이 밝다 夜が明ける	얼굴이 밝지 않다.
☐ 표정 3級	表情	밝은 표정이 아니었다.
☐ 그런	そんな ▶그렇다〈ㅎ〉	그런 얼굴은 처음이다.
☐ 저렇게 [저러케]	あのように、あんなに ▶저렇다〈ㅎ〉	왜 저렇게 힘이 없을까?
☐ 들어가다	①(中に)入る、入っていく ②(家に)帰る	오빠 방에 들어갔다.
☐ 창밖 [창박] 3級	窓の外 ▶창문	창밖을 보고 있었다.
☐ 별	星 ▶별처럼	창밖의 별이 보였다.
☐ 바라보다 3級	眺める、見渡す	별을 바라보고 있었다.
☐ 하늘	空 ▶하늘나라	밤하늘의 별들
☐ 참으로(= 정말로)	本当に、実に、とても	참으로 아름다운 별들
☐ 아름답다 [-따]〈ㅂ〉	美しい ▶꽃이 아름답다	참으로 아름다웠다.
☐ 아무것(도)	何、何も(ない)	아무것도 아니라고 했다.
☐ 아무①	何の、いかなる	아무 문제도 없다고 했다.
☐ 그러니까	だから	그러니까 사랑인 것이다.
☐ 빠지다 3級	落ちる、はまる ▶사랑에 빠지다	사랑에 빠진 것이다.
☐ 잘못	①過ち、間違い ②間違って	잘못 본 것은 아니다.
☐ 또	また ▶또는	또 말했다.
☐ 절대로 [절때로]	絶対に	절대로 그렇다.
☐ 이상(⇔이하)	以上 (⇔以下)	그 이상은 아니라고 했다.
☐ 아무②	誰(も)(~ない) ▶아무나 誰でも	아무도 없다.
☐ - 지 말라고 하다	~しないでほしいと言う	말하지 말라고 했다.
☐ 죽다 [-따]	死ぬ	죽을 때까지 가져 가겠다.
☐ 비밀 3級	秘密 ▶비밀을 지키다	비밀이라고 했다.
☐ 지키다	守る、保護する ▶약속을 지키다	비밀을 지키겠다고 했다.
☐ 파이팅	ファイト、頑張れ	파이팅!

日　記　済州島から帰ってきて書いた、スアの日記です。

❶ 제주도에서 돌아온 이후 오빠가 좀 이상하다. 밝은 표정을 찾아
볼 수가 없다. 지금까지 그런 얼굴을 보인 **적이 없다**.
저렇게 힘이 없는 건 처음 본다.

❷ 어젯밤에 오빠 방에 들어가니까 오빠가 창밖의 별을 바라보고
있었다. 밤하늘의 별들이 참으로 아름다웠다. 오빠하고 많은
이야기를 나누었다.

❸ 오빠는 아무것도 아니라고, 아무 문제도 없다고 했지만 나는
안다. 그러니까 사랑에 빠진 것이다. 내가 잘못 본 것이 아닐
것이다.

❹ 오빠는 또 에미는 그냥 친구다, 절대로 그 이상도 그 이하도
아니라고 했다. 그리고 아무에게도 말하지 말라고 했다.
나는 죽을 때까지 비밀을 지키겠다고 약속했다.
우리 오빠, 파이팅!

☑ 音読 check!　正 [　][　][　][　]

☑ 発音のポイント
  ❶ 볼 수가 [볼 쑤가]
  ❷ 창밖의 [창바께]
  ❸ 아닐 것이다 [아닐꺼시다]
  ❹ 약속했다 [약쏘캗따]

85

1. 언제부터 수민이가 이상해요?

2. 지금까지 수민이는 그런 얼굴을 보인 적이 있어요?

3. 수아가 오빠 방에 들어갔을 때 오빠는 뭘 하고 있었어요?

4. 수아는 수민이가 힘이 없는 이유가 뭐라고 생각해요?

5. 수민이는 에미에 대해 뭐라고 했어요?   ▶ –에 대해 ~について

6. 수민이는 수아에게 뭐라고 했어요?

■ 単語力 Up ■

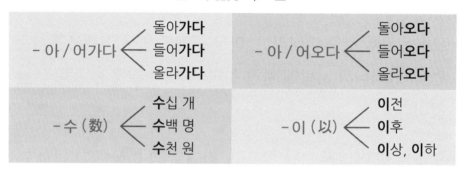

練習 16-4) 「単語力 Up」から適当な単語をすべて選び、発音してみましょう。

1) 그해 겨울에 (   )이 직장을 잃었다.

2) 이후 도시를 떠나서 고향으로 (   ) 사람도 많았다.

3) 그중에는 (   )이 없어서 돌아가지 못하는 사람도 있었다.

4) 그 (   )에도 그런 일이 있었다. 앞으로도 있을 것이다.

5) 일만 할 수 있으면 그 (   ) 필요한 것은 없었다.

もっと知りたい！

Q：사 오다(買ってくる⇒ p.44)は分かち書きをしていたのですが、돌아오다や올라오다などは
分かち書きをせずにくっつけて書くのですか？

A：はい、そうです。移動動詞＋아 / 어 가다 / 오다はくっつけて書くのが普通です。
언제 돌아오세요？ いつ帰ってきますか？

練習 16-5　次の対話文を完成させ、会話の練習をしましょう。 ♪ 86

| 아무 데도　　아무한테도　　아무 일도　　아무것도 |

1) 가 : 무슨 할 말이라도 있어요?
　 나 : 이거 (　　　　　　　　) 말하지 말아요.
　　　 비밀이거든요.

2) 가 : 오늘은 어디 안 나가요?
　 나 : 집에 있을 거예요.
　　　 피곤해서 (　　　　　　　　) 안 나가려고요.

3) 가 : 어제부터 (　　　　　　　　) 안 먹었잖아요.
　　　 과일이라도 좀 드세요.
　 나 : 아무것도 먹고 싶지 않아요.

4) 가 : 무슨 일이 있어요?
　 나 : (　　　　　　　　) 없어요.
　　　 그냥 울고 싶어요.

練習 16-6　次の質問に答えてみましょう。

1) 수업이 끝나고 어디 갈 거예요?

2) 내년에도 한국어 강의를 들을 거예요?

3) 한국어에서 제일 어려운 건 뭐예요?

4) 한국어를 공부해 보니까 어때요?

練習 16-7　韓国語で言ってみましょう。（한다体）

1) 韓国には一度も行ったことがないが、韓国の焼酎は2回ほど飲んだことがある。

2) 私が果物を持っていくと、母は何も食べたくないと言った。

3) 社長は信じられる方だと私が言ったじゃない。

変則用言のまとめ

　用言の中には語幹に母音で始まる語尾がつくと語幹の形が変わるものがあります。これらの用言を変則用言といいます。変則用言が「どのように変わるのか」、「注意すべき点は何なのか」などを押さえておきましょう。

種類	課	内容	例
으変則	第8課	「ㅡ」の脱落	쓰다　→ 써요, 썼어요 바쁘다 → 바빠요, 바빴어요 예쁘다 → 예뻐요, 예뻤어요
		★ 語幹が1音節 → 어系がつく。 　語幹が2音節 → 으の前の母音を見て아系か어系かを決める。	
르変則	第12課	「ㅡ」の脱落 「ㄹパッチム」の追加	다르다 → 달라요, 달랐어요 흐르다 → 흘러요, 흘렀어요
		★「르」の前の母音を見て아系か어系かを決める。 　따르다(従う), 들르다(立ち寄る)は으変則に属する。	
ㄷ変則	第6課	「ㄷ」が「ㄹ」に変わる	듣다 → 들어요, 들었어요, 들은 묻다 → 물어요, 물었어요, 물은
		★語幹が「ㄷ」で終わる規則用言：닫다, 얻다, 받다, 주고받다	
ㅅ変則	第10課	「ㅅ」の脱落	낫다 → 나아요, 나았어요, 나은 짓다 → 지어요, 지었어요, 지은
		★「ㅅ」が脱落しても母音の縮約は起こらない。나아요（○）나요（×） 　語幹が「ㅅ」で終わる規則用言：씻다, 웃다, 벗다	
ㅂ変則	第13課	「ㅂ」が「우」に変わる	덥다 →더워요, 더웠어요, 더운 춥다 →추워요, 추웠어요, 추운
		★곱다(美しい)・돕다(手伝う)だけは、도와요 도왔어요 도운のように活用する。	
ㅎ変則	第16課	①「아/어」がつくとき： 　ㅎと語幹の母音が脱落 　ㅏ/ㅓ→ㅐ, ㅑ/ㅕ→ㅒ ②「으」がつくとき： 　ㅎと으が共に脱落	이렇다 → 이래요, 이랬어요, 이런 그렇다 → 그래요, 그랬어요, 그런 저렇다 → 저래요, 저랬어요, 저런 노랗다 → 노래요, 노랬어요, 노란 하얗다 → 하얘요, 하얬어요, 하얀

ハングル能力検定試験 4 級模擬テスト⑥

<文法：変則用言>

1. (　　　) の中に入れるのに最も適当なものを、①〜④の中から一つ選びなさい。

　1) 약을 먹고 감기는 다 (　　　). 지금은 괜찮아요.
　　① 낫았어요　　　② 났어요　　　③ 나았어요　　④ 나었어요

　2) 모르는 것은 선생님께 (　　　)보세요.
　　① 묻어　　　　② 물어　　　　③ 무어　　　　④ 물아

　3) 김치가 너무 (　　　) 많이 못 먹었어요.
　　① 맵어서　　　② 맵아서　　　③ 매워서　　　④ 매와서

　4) 서울은 택시보다 지하철이 더 (　　　).
　　① 빨라요　　　② 빨러요　　　③ 빨아요　　　④ 빨어요

　5) 방이 좀 (　　　) 창문을 열까요?
　　① 덥우니까　　② 더우니까　　③ 더우까　　　④ 덥으니까

2. 下線部の原形（辞書形）として正しいものを、①〜④の中から一つ選びなさい。

　1) 오늘은 너무 <u>더워요</u>. 30도가 넘겠어요.
　　① 더우다　　　② 더워다　　　③ 덥다　　　　④ 덥우다

　2) 한국 사회는 일본 사회와 좀 <u>달라요</u>.
　　① 달라다　　　②다르다　　　③ 달르다　　　④ 다라다

　3) 어머니, 오늘은 제가 저녁밥을 <u>지을게요</u>.
　　① 짓다　　　　② 지다　　　　③ 짖다　　　　④ 지을다

　4) 이 노래를 한번 <u>들어</u> 보세요.
　　① 들다　　　　② 듣다　　　　③ 들어다　　　④ 듣어다

　5) 나갈 때 불 좀 <u>꺼</u> 주세요.
　　① 꺼다　　　　② 꺼어다　　　③ 끄어다　　　④ 끄다

☞ 解答はp115。

p.115 模擬テスト⑤の解答

解答	1.1) ③	2) ④	3) ③	4) ②	5) ①
	2.1) ④	2) ①	3) ②	4) ②	

連語	意味	▼	連語	意味	▼
감기기 낫다	かぜが治る	73	답을 쓰다 / 적다	答えを書く	117
감기가 들다	かぜを引く	32	도장을 찍다	ハンコを押す	105
값을 깎다	値引きをする	96	돈이 들다	お金がかかる	66
거짓말을 하다	うそをつく	110	돈을 세다	お金を数える	113
건물을 세우다	建物を建てる	40	돈을 찾다	お金をおろす	16
결정을 내리다	決定を下す	63	땀이 나다	汗が出る	60
결혼식을 올리다	結婚式を挙げる	21	라면을 끓이다	ラーメンをつくる	57, 82
계획을 세우다	計画を立てる	18, 59	마음에 들다	気に入る	38
계획을 잡다	計画を立てる	103	마음이 가볍다	心が軽い	96
고향을 떠나다	故郷を離れる	18	마음이 무겁다	心が重い	96
관계를 끊다	関係を断つ	60	마음이 아프다	心が痛む、胸が痛い	31
관심을 보이다	関心を見せる	40	마음이 통하다	心が通じる	54
교과서를 펴다	教科書を開く	87	말을 시키다	話をさせる、言わせる	100
국을 끓이다	スープをつくる	85	말이 안 되다	話にならない	99
그림을 그리다	絵を描く	88	머리를 감다	髪を洗う	32, 64
글을 짓다	文をつくる	73, 88	머리를 깎다	髪を刈る	96
기억이 나다	思い出す	96	모자를 벗다	帽子を脱ぐ	68
길을 잃다	道に迷う	105	모자를 쓰다	帽子をかぶる	49, 68
꿈에서 깨다	夢から覚める	95	목욕을 하다	風呂に入る	64
꿈을 꾸다	夢を見る	26	몸이 안 좋다	体調がすぐれない	43
나이를 먹다	年を取る	113	문자를 보내다	ショートメールを送る	64
날이 밝다	夜が明ける	91, 118	문제가 생기다	問題が生じる	110
날짜를 잡다	日にちを決める	54	문제를 풀다	問題を解く	59, 63
날짜를 정하다	日にちを決める	67	바람이 불다	風が吹く	68
냄새가 나다	匂いがする、匂う	96, 99	방향을 잃다	方向を失う	40
노래를 부르다	歌う	87, 102	병이 낫다	病気が治る	74
눈을 감다	目を閉じる	105	불을 끄다	明かりを消す	59, 64
눈을 뜨다	目を開ける	64, 105	불을 켜다	明かりをつける	64, 96
늦잠을 자다	朝寝坊をする	31	비누로 씻다	石けんで洗う	110
담배를 끊다	タバコを止める	81	사랑에 빠지다	恋に落ちる	118
담배를 피우다	タバコを吸う	43	사이가 좋다	仲が良い	110
답을 맞추다	答えを合わせる	63	사전을 찾다	辞書を引く	87, 113

連語	意味	▼	連語	意味	▼
세수(를) 하다	顔を洗う	60	이해가 가다	理解できる	91
손을 들다	手を挙げる	39	인기가 많다	人気が高い	67
수업을 듣다	授業を受ける	64	인기가 있다	人気がある	81
술이 깨다	酔いから醒める	113	인사를 나누다	挨拶を交わす	59
시험에 떨어지다	試験に落ちる	39	일을 맡다	仕事を引き受ける	81, 102
시험에 붙다	試験に受かる	59	입에 맞다	口に合う	48
시험을 보다	試験を受ける	31	자동차를 세우다	自動車を停める	63
시험을 치다	試験を受ける	60	잠을 자다	寝る	32
신발을 벗다	履物を脱ぐ	63	잠이 깨다	目が覚める	60
신을 신다	履物を履く	60, 64	잠이 들다	寝入る	32
실력이 늘다	実力が伸びる	25, 26	잠이 안 오다	眠れない	35
쌀을 씻다	米をとぐ	74	전화를 걸다	電話をかける	105
아직 멀었다	ほど遠い、まだまだだ	47	전화를 받다	電話に出る	64
약속을 지키다	約束を守る	31, 118	젓가락을 놓다	箸を置く	74
약을 먹다	薬を飲む	32, 34	젓가락을 들다	箸を持つ	74
약을 쓰다	薬を使う	32	줄을 서다	並ぶ	54
약이 듣다	薬が効く	91	지갑을 잃다	財布をなくす	99
여행을 떠나다	旅行に立つ、旅立つ	81	지갑을 잃어버리다	財布をなくしてしまう	96
연락을 받다	連絡を受け取る	45	지식을 얻다	知識を得る	68
연락을 드리다	連絡を差し上げる	67	집을 짓다	家を建てる	73
연락을 주다	連絡をくれる	91	창문을 열다	窓を開ける	96
연락을 하다	連絡を取る	59	콘서트를 열다	コンサートを開く	117
연세가 많다	年齢が高い	35	콧물이 나다/나오다	鼻水が出る	32, 35
예를 들다	例を挙げる	60	키가 작다	背が低い	18, 21
옷이 맞다	服が合う	91	키가 크다	背が高い	18, 21
우표를 붙이다	切手を貼る	73	택시를 잡다	タクシーを捕まえる	105
유학을 가다	留学する	12	팩스를 보내다	ファックスを送る	73
의견을 모으다	意見を集める	102	필요(가)없다	必要ない	88
이를 닦다	歯を磨く	60	휴가를 보내다	休暇を送る／過ごす	87
이름을 짓다	名前をつける	73	힘이 나다	元気が出る	82
이야기를 나누다	話を交わす	102	힘이 없다	力／元気がない	82
이유를 묻다	理由を聞く	100	힘이 있다	力／元気がある	82

◇ **−지 않으면 안 되다** 〜しなければならない

- **지 않다**（〜しない）に、禁止の **−으면 안 되다**（〜してはいけない⇒ p.38）が結合した慣用表現。第11課で学んだ **−아야 / 어야 하다 / 되다**と同じ意味です。

　　운동을 하<mark>지 않으면 안 돼요</mark>.　　運動をしなければなりません。
　　일찍 자<mark>지 않으면 안 돼</mark>.　　　早く寝なければならないよ。

◇ **−지 말아야 하다/되다** 〜しないようにしなければならない

禁止の **−지 말다**（〜しない⇒ p.100）に、義務の **−아야 하다 / 되다**（〜しなければならない⇒ p.80）が結合した慣用表現。

　　짠 음식은 먹<mark>지 말아야 합니다</mark>.　塩辛い食べ物を食べないようにしなければなりません。
　　지각하<mark>지 말아야 된다</mark>.　　　　遅刻しないようにしなければならない。

◇ **−지 말아 주다** 〜しないようにしてくれる、〜するのをやめる

禁止の **−지 말다**（〜しない⇒ p.100）に、**−아 / 어 주다**（〜してくれる⇒ p.44）が結合した慣用表現。頼み事やお願いをするときに用います。

　　담배는 피우<mark>지 말아 주십시오</mark>.　タバコは吸わないようにしてください。
　　술을 마시<mark>지 말아 주세요</mark>.　　　お酒は飲まないようにしてください。

◇ **안 −ㄴ/은 건 아니다** （動詞）〜しなかったわけではない、
　　　　　　　　　　　　　 （形容詞）〜く/でないわけではない

動詞の過去連体形や形容詞の現在連体形（⇒ p.52、66）を用いたㄴ / 은 건 아니다に、前置否定の**안**が結合した慣用表現。

　　공부를 <mark>안 한 건 아닙니다</mark>.　　　勉強をしなかったわけではありません。
　　머리가 <mark>안 아픈 건 아닙니다</mark>.　　　頭が痛くないわけではありません。

◇ **−는(ㄴ/은) 것처럼** （動詞）〜するように、（形容詞）〜であるように

連体形 + **것** + **처럼**が結合した慣用表現。**처럼**は「〜ように」（⇒ p.88）という意味の助詞です。

　　그 일을 모르<mark>는 것처럼</mark> 말했다.　そのことを知らないように言った。
　　주말에도 바쁜 <mark>것처럼</mark> 말했다.　週末も忙しいように言った。

◇ −기 때문에   ～（する）から、～なので、～（する）ために

名詞形の−기に때문에（⇒p.94）が結合した表現。「～（する）から」「～なので」「～（する）ために」などの理由や原因を述べるときに用います。主に書き言葉で使われ、−았/었기 때문에の形もよく使われます。

돈이 없기 때문에 이르바이트를 하고 있다.　お金がないためにバイトをしている。

늦잠을 잤기 때문에 약속에 늦었다.　　　　　朝寝坊をしたので約束に遅れた。

◇ −아/어하다   ～がる、～に思う

主に感情をあらわす形容詞について動詞にする語尾。

친구의 소식을 듣고 동생은 무척 슬퍼했다. (슬프＋어하다)

友達の知らせを聞いて弟はとても悲しんでいた。

할아버지는 나를 아주 귀여워해 주셨다. (귀엽＋어하다)

祖父は私のことをとてもかわいがってくださった。

☞ −고 싶어하다 (～したがる) は −고 싶다 (⇒ p.10) に、−어 하다がついた表現です。

例) 어머니가 한국에 가고 싶어해요.　母が韓国に行きたがっています。

◇ −ㄹ/을 게 아니라   ～するのではなく

「～するのではなく」にあたる慣用表現。未来連体形 −ㄹ / 을を使うのに注意しましょう。

차를 마실 게 아니라 술 한잔 합시다.　お茶を飲むのではなく、お酒を一杯やりましょう。

집에 있을 게 아니라 어디 놀러 가요.　家に居るのではなく、どこか遊びに行きましょう。

◇ −는 데   (動詞)～するのに

動詞の現在連体形는の後ろに데がついた慣用表現。「～するのに」という目的を表します。는の後は1文字空けて、分かち書きをします。

여기까지 오는 데 얼마나 걸려요?　ここまで来るのにどれくらいかかりますか？

학교까지 가는 데 1시간쯤 걸려요.　学校まで行くのに1時間くらいかかります。

◇ −는 중이다   (動詞)～しているところだ、～している最中だ

動詞の現在連体形는の後ろに중이다がついた慣用表現。「～しているところだ」「～している最中だ」という意味で使われます。

지금 그쪽으로 가는 중이에요.　今そちらに行くところです。

숙제를 하는 중이에요.　　　　　宿題をしている最中です。

 1 接辞・依存名詞 （4級）

	漢字	例など	学習（課）
－ 가	家	소설가　小説家　　번역가　翻訳家	1
－ 가지		한 가지　ひとつ　　여러 가지　色々	9
－ 간	間	6개월간　6か月間　　반년간　半年の間	2
－ 개월	個月	6개월　6ヵ月	2
－ 권	券	상품권　商品券	9
－ 그램 （g）		600그램　600グラム	10
－ 내	内	1년 내에　一年以内に　　이번 주 내에　今週中に	9
－ 년생	年生	2005년생　2005年生まれ	3
대 －	大	대사전　大事典	9
－ 대	台	백만 원대　10万円台　　차 한 대　車一台	14
－ 데		아픈 데　痛いところ　　다친 데　けがをしたところ	13
－ 도	道	（韓国の行政区域）경기도　京畿道	15
－ 들		～ら、～たち	13
－ 등	等	소, 돼지, 닭 등　牛・豚・鳥など	☆
－ 등	等	일 등　1等	9
－ 말	末	작년말　去年末　　연말　年末　　학기말　学期末	11
매 －	毎	매년　毎年　　매주　毎週	2
－ 미터 （m）		10미터　10メートル	5
－ 벌		옷 한 벌　服 一着	☆
－ 비	費	교통비　交通費	☆
새 －		새차　新車	11
－ 생	生	5월생　5月生まれ	3
세	歳	30세　30歳	1
－ 센티미터 （cm）		50센티미터　50センチ	8
－ 소	小	소사전　小辞典	9
수 －	数	수백　数百	16
－ 시	市	서울시　ソウル市	6

－원	員	회사원　会社員　　은행원　銀行員	1
－인	人	일본인　日本人　　한국인　韓国人	14
－잔	杯	술잔　杯　　물 한 잔　水 1 杯	10
－적	的	문화적　文化的	2
－점	点	100점　100点	9
－점	店	백화점　百貨店	10
－중	中	수업 중　授業中　　여행 중　旅行中	8
－초①	秒	60초　60秒	☆
－초②	初	작년 초　去年の初め　　연초　年の初め	2
－킬로（k）		2킬로　2キロ	11
－킬로그램（kg）		1킬로그램　1キロ	10
－킬로미터（km）		1킬로미터　1キロメートル	10
－퍼센트（프로）		30퍼센트　30%	☆
－학	学	경제학　経済学	5
－행	行	서울행　ソウル行き	☆
－회	回	제 97 회　第97回	8

☆は、テキストの本文などでは出てきませんが、例を覚えておきましょう。

2　助詞（4級）

項目	意味・用例	学習ページ
가 / 이 （되다）	〜に（なる）、〜と（なる）　　번역가가 되고 싶어요.	12
가 / 이	〜を（食べたい）　　냉면이 먹고 싶어요.	10
께	【人・尊敬】〜に（あげる・・・）　선생님께 말씀드리세요.	32
께서	【人・尊敬】〜が　　어머니께서 만드신 거예요.	74
ㄴ（는の縮約形）	〜は　　전 홍차 주세요.	20, 47
ㄹ（를の縮約形）	〜を　　뭘 드실래요?	28
라도 / 이라도	〜でも　　영화라도 봐요.	52
밖에	〜しか（ない）　　역시 친구밖에 없네요.	24
에	〜に（加えて）　　새 프린터에 노트북에	97
에게서	【人・書き言葉的】〜から、〜に　여자 친구에게서 온 전화	60
한테서	【人・話し言葉的】〜から、〜に　친구한테서 얻은 거예요.	18, 69
처럼	〜のように　　료타처럼 한국어를 잘하면 좋겠어요.	88

項目	指定詞の場合 이다/아니다	意味・機能など	学習（課）
- 거든요	- (이)거든요	～なんですよ、～（し）ますから	4
- 겠 -	- (이)겠 -	【推量】～だろう	12
- 겠 -		【予告】例）비가 내리겠다	12
- 고	- (이)고	【並列・順次】～たり、～（し）て	1
- ㄴ/은		【連体形:形容詞の現在】	9
- ㄴ/은		【連体形:動詞の過去】～（し）た	7
- 네요	- (이)네요	～ですね、～ますね	3
- 는		【連体形:動詞の現在】	7
- 니까/으니까	- (이)니까	【状況の前置き、理由】	13
- ㄹ/을		【連体形:未来】	7, 9
- ㄹ게요/을게요		～（し）ますよ、～（し）ますからね	10
- ㄹ까요?/을까요?		～（し）ましょうか、～でしょうか	10
- ㄹ래요(?)/을래요(?)		①～（し）ますよ、②～（し）ますか	10
- 러/으러		【目的】～（し）に、～ために	8
- 려고/으려고		【意図】～（し）ようと	1
- 려고요(?)/으려고요(?)		【意図】～（し）ようと思いまして	1
- 면/으면	- (이)면	【仮定】～（すれ）ば、～（し）たら	5
- ㅂ시다/읍시다		～しましょう	復習
- 시/으시 -	- (이)시 -	【尊敬の補助語幹】	復習
- 십시오/으십시오		【합니다体の命令】～して下さい	12
- 아도/어도	- (이)어도, 여도 - (이)라도	【譲歩】～（し）ても、～でも ～でも、～であっても	9
- 아서/어서	- (이)어서, 여서 - (이)라서	【理由・前提動作】～ので、～（し）て ～であるので、～なので	2
- 아서요/어서요	- (이)어서요, 여서요 - (이)라서요	【理由】～のでね、～からです ～だからです	15
- 아야/어야	- (이)어야, 여야	～してこそ、～ねばならない	11
- 아요/어요		【해요体の勧誘・命令】	復習, 5
- 았겠 -	- 이었겠 - , 였겠 -	【過去の推量】	12
- 잖아요(?)		～じゃないですか、～でしょう	13
- 지만	- (이)지만	【逆接】～だが、けれど	1

4 慣用表現（4級）

項目	指定詞の場合 이다/아니다	意味・機能など	学習（課）
못 (用言)		【不可能】〜できない、られない	4
안 (用言)		【否定】〜しない	4
(体言) 때문에		〜のために、〜のせいで	3, 13
(体言) (이)라고 하면		〜といえば	3
(体言) 중(에서)		〜のなか(で)	6
- 가/이 되다		〜になる	1
- 가/이 어떻게 돼요?		〜はどうなりますか	3
- 고 계시다		〜(し)ていらっしゃる	1
- 고 있다		〜(し)ている	1
- 기 전에		〜(する)前に	8
- 과/와 달리		〜と(は)違って、〜と(は)別に	12
- ㄴ/은 것①	- ㄴ 것	〜なこと、〜であること	10
- ㄴ/은 것②		〜したこと	10
- ㄴ/은 결과		〜した結果	8
- ㄴ/은 끝에		〜したあげく、〜した終わりに	8
- ㄴ/은 다음(에)		〜したあと(に)	8
- ㄴ/은 뒤(에)		〜したあと(に)	8
- ㄴ/은 사이(에)		〜している間(に)	8
- ㄴ/은 일이 있다/없다		〜したことがある/ない	16
- ㄴ/은 적이 있다/없다		〜したことがある/ない	16
- ㄴ/은 후(에)		〜したあと(に)	8
- 는 게 어때요?		〜(する)のはいかがですか	14
- 는 것(거)		〜(する)こと	7
- 는 사이(에)		〜する間(に)	8
- 다고 하다【한다体＋고 하다】	- (이)라고 하다	〜という	14
- ㄹ/을 때(에)	- ㄹ 때(에)	〜(する)とき(に)	11
- ㄹ/을 거예요(?)		〜でしょう、〜と思います	11
- ㄹ/을 생각이다		〜(する)つもりだ	11
- ㄹ/을 수 있다/없다		〜(する)ことができる/できない	16
- 러/으러 가다/오다		〜(し)に行く/来る	8
- 려(고)/으려(고) 하다		〜しようとする	1
- 면/으면 되다		〜すればいい	5

- 면/으면 좋다		～すればよい	5
- 면/으면 안 되다		～（し）てはいけない	5
- 면/으면 어때요?		～したらどうですか	6
- 시죠(?)/으시죠(?)		～されますか	12
- 시겠어요(?)/으시겠어요(?)		～されますか、なさいますか	12
- 아/어 가다/오다		～（し）ていく／くる	6
- 아/어 계시다		～（し）ていらっしゃる	6
- 아/어 드리다		～（し）てさしあげる	6
- 아/어 보다		～（し）てみる	6
- 아/어 보고 싶다		～（し）てみたい	6
- 아/어 있다		～（し）ている	6
- 아/어 주다		～（し）てくれる、～（し）てあげる	6
- 아/어 주면 안 돼요?		～（し）てくれませんか	6
- 아/어 주면 좋겠다		～（し）てほしい	6
- 아/어 줘(요)		～（し）てくれる、～（し）て下さい	15
- 아도/어도 괜찮다		～（し）ても構わない	9
- 아도/어도 되다		～（し）てもいい	9
- 아야/어야 되다	- (이)어야 되다	～（し）なければならない	11
- 아야/어야 하다	- (이)어야 하다	～（し）なければならない	11
- 지 말다		【禁止】～（し）ない	14
- 지 말고		【禁止】～（し）ないで、～せず	14
- 지 말라고 하다		～（し）ないでほしいと言う	16
- 지 못하다		【不可能】～できない、～られない	4
- 지 않다		【否定】～（し）ない	4
- 지 않으시겠어요?		～なさいませんか	12

	日本語訳	学習ページ
감사드립니다	ありがとうございます	101
건배!	乾杯	94
고마있습니디 /고마웠어요	ありがとうございました	83
그럼요	もちろんですとも	68, 73, 117
그렇지요?	そうですよね	83
그렇지요.	そうですよ	89
글쎄요	さあ…	87
다녀왔습니다	ただいま	96
다녀오겠습니다	行って来ます	96
다녀오십시오 / 다녀오세요	行ってらっしゃい	86
됐어요	結構です/いいです	87
맞다	あっ、そうだ	87
무슨 말씀을요	とんでもないです	46
뭘요	いえいえ	82
성함이 어떻게 되세요?	お名前は何とおっしゃいますか	29
새해 복 많이 받으십시오/받으세요	明けましておめでとうございます	16, 21
수고 많으셨습니다/많으셨어요	お疲れ様でした	101
수고하십니다/수고하세요	お疲れ様です	16
신세 많이 졌습니다	大変お世話になりました	101
아이고	あら/ああっ	87
안녕히 주무셨습니까?/주무셨어요?	よくお休みになれましたか	16, 59
안녕히 주무십시오/주무세요	お休みなさい	16
잘 먹겠습니다/먹겠어요	いただきます	101
잘 먹었습니다/먹었어요	ごちそうさまでした	77
잘 지냅니다/지내요	元気に過ごしています、元気です	101
잠시만요	お待ちください	46
저기요	すみません（声をかける時）	40
진지 잡수십시오/잡수세요/드십시오	お食事召し上がって下さい	21
참	そういえば、あっ、そうだ	54
축하드립니다/축하해요	おめでとうございます	21

レベル	文法項目（語尾など）	意味など	学習（課）
4	〈ㄷ〉변칙	〈ㄷ〉変則	6
4	〈르〉변칙	〈르〉変則	12
4	〈ㅂ〉변칙	〈ㅂ〉変則	13
4	〈ㅅ〉변칙	〈ㅅ〉変則	10
4	〈으〉변칙	〈으〉変則	8
3	〈ㅎ〉변칙	〈ㅎ〉変則	16
4	- 거든요	～なんですよ、～なものですから	4
4	것（거）	もの、こと、～の	10
3	- 게	～く、～に、～ように	2
3	- 게 되다	～することになる、～するようになる	2
4	- 겠 -	（補助語幹）意志、推量、控えめ、予告など	12
4	- 고	～して、～し、～したり	1
4	- 고 가다 / 오다	～していく / くる	1
4	- 고 계시다	～していらっしゃる	1
4	- 고 싶다	～したい	1
4	- 고 있다	～している（進行）	1
4	- 고요(?)	～してね、～するのですか	3
4	- ㄴ / 은	動詞の過去連体形、形容詞の現在連体形	7, 9
4	- ㄴ / 은 끝에	～した末に	8
4	- ㄴ / 은 다음에	～したあとに	8
4	- ㄴ / 은 뒤에	～した後に	8
4	- ㄴ / 은 사이에	～している間に	8
4	- ㄴ / 은 적이 있다 / 없다	～したことがある / ない	16
4	- ㄴ / 은 후에	～した後に	8
3	- ㄴ다 / 는다	～する（한다体）	14
3	- ㄴ다고 / 는다고	～すると（平叙形の引用文）	14
4	- 네요	～ですね、～ますね、～するんですね	3
4	- 는	動詞の現在連体形	7
4	- 니까 / 으니까	～したら、～すると、～だから、～ので	13
4	때문에	～のために、～のせいで	13
4	- ㄹ / 을	動詞の未来連体形、形容詞の未来連体形	7, 9
4	- ㄹ / 을 거예요(?)	～しますか、～します、～でしょう	11
4	- ㄹ / 을 때(에)	～（する）とき（に）	11
4	- ㄹ / 을 생각이다	～するつもりだ	11
4	- ㄹ / 을 수 있다 / 없다	～することができる / できない	16
4	- ㄹ / 을게요	～しますからね、～しますよ	10
4	- ㄹ / 을까요?	～しましょうか、～でしょうか、～かしら	10
4	- ㄹ / 을래요(?)	～しますか、～しますよ	10

レベル	文法項目（語尾など）	意味など	学習（課）
4	(이)라고	～（だ）と（引用・伝聞）	2
3	(이)라고요(?)	～ですって (?)、～だそうです、～だってば	3
4	(이)라고 하다	～（だ）という（指定詞 [現在] の引用）	2
4	라고	と（直接引用）	2
4	- 러 / 으러（가다 , 오다 , 다니다）	～しに（行く、来る、通う）	8
4	- 려고 / 으려고	～しようと	1
4	- 려고 / 으려고 하다	～しようとする	1
4	- 려고요(?) / 으려고요(?)	～しますか、～しようと思いまして	1
4	- 면 / 으면	～すれば、～したら、～すると	5
4	- 면 / 으면 되다	～すればいい	5
4	- 면 / 으면 안 되다	～してはいけない	5
4	- 면 / 으면 좋다	～すればいい	5
4	못 -	（～したくても）～（することが）できない、～られない	4
4	- 십시오 / 으십시오	お～ください、～してください（합니다体）	12
4	- 아 / 어	～して（連用形）	6
3	- 아 / 어	～してね、～して（해体）	15
4	- 아 / 어 가다 / 오다	～して行く / 来る	6
4	- 아 / 어 계시다	～していらっしゃる	6
4	- 아 / 어 드리다	～してさしあげる	6
4	- 아 / 어 보다	～してみる	6
4	- 아 / 어 있다	～している（状態）	6
4	- 아 / 어 주다	～してくれる	6
4	- 아도 / 어도	～しても	9
4	- 아도 / 어도 괜찮다	～してもかまわない	9
4	- 아도 / 어도 되다	～してもいい	9
4	- 아서 / 어서	～して、～くて、～ので	2
4	- 아서요 / 어서요	～のでね	15
4	- 아야 / 어야	～してこそ、～しなければ	11
4	- 아야 / 어야 되다	～しなければならない	11
4	- 아야 / 어야 하다	～しなければいけない	11
4	- 아요 / 어요	お～ください、～しましょう（해요体）	5
4	- 았던 / 었던	形容詞・存在詞の過去連体形	9
3	- 자	～しよう	15
3	- 자고	～しようと（勧誘形の引用文）	15
4	- 지 말다	～するのをやめる、～（し）ない	14
4	- 지 못하다	～できない、～られない	4
4	- 지만	～だが、～けれど	1

- 日本語と同一の漢字語は日本語訳に＿を引き、日本語と異なる漢字語は( )に示した。韓国では旧漢字を使う。
- 4級より上の単語はレベルを示した。
- ＜＞は変則用言を示す。
- 하다動詞の場合、「する」は省略した。
- 助詞や接辞・依存名詞は【付録】を参照。

ㄱ

가깝다＜ㅂ＞	近い
가끔	たまに、時たま
가능(하)	可能
가볍다[-따]＜ㅂ＞	軽い
가수	歌手
가운데	まん中、中、中央
가장	最も
갈비	カルビ
갈비탕	カルビスープ
감기	風邪
감다[-따]①	(髪を)洗う
감다[-따]②	(目を)閉じる
갑자기[-짜기]	急に、突然
강물	川の水
강의[-이](하) 3級	講義
강하다(強-)	強い
같다[-따]	同じだ
거리	①街、通り ② 距離
거울	鏡
거의	ほとんど
거짓말[거진말] 3級	嘘
걱정[-쩡](하)	心配
건강(하)	健康だ
건너다 3級	渡る
건물	建物
건배	乾杯
걷다[-따]＜ㄷ＞	歩く
걸다	(電話を)掛ける
걸어가다	歩いていく
검다[-따]	黒い
검은색	黒色
게임	ゲーム
겨우	やっと、ようやく
결과	結果
결정[결쩡](하,되)	決定

경우(境遇) 3級	場合
경제 3級	経済
계단[게단]	階段
계산(하,되)	計算
계속(하,되)	①継続 ②引き続き、ずっと
계획(하)	計画
고급	高級、上級
고양이	猫
고생(하) 3級	苦労
고추장	コチュジャン、唐辛子味噌
고춧가루/고추가루	唐辛子粉
고프다 ＜으＞	(お腹が)空く
고향	故郷
곳	所、場所、場
공	ボール
공원	公園
공연 3級	公演、コンサート
공무원 3級	公務員
공항	空港
과자	菓子
과장 3級	課長
관심	関心
교사	教師
교원	教員
교수(님)	教授
귤	ミカン
그날	その日
그냥	ただ、そのまま
그대로	そのまま
그때	その時
그래도 3級	それでも、でも
그래서	それで
그러나	しかし
그러니까	だから
그러다 3級	そうする、そう言う
그러면/그럼	それなら、では、そうすれば
그런	そんな、あんな
그런데	ところで、ところが、しかし
그렇게[그러케]	そのように、それほど
그렇지만[그러치만]	でも、だが、しかしながら
그릇[그른]	器、入れ物
그리다	描く
그림	絵

그제(＝그저께)	おととい	내용 3級	内容
그중(－中)	その中	냄새	におい
그쪽	そっち、そちら側	넓다[널따]	広い
그해 3級	その年	넘다[－따]	越える
극장	劇場	노란 머리 3級	茶髪
근처(近処)	近所	노란색 3級	黄色
글자[글짜]	文字、字	노래방	カラオケ(ルーム)
기다리다	待つ	노력(하)	努力
기대(하) 3級	期待	노트북	ノート型パソコン
기쁘다<으>	嬉しい	놀라다	驚く
기사 3級	記事	농구(籠球)	バスケットボール
기억(하,되)	記憶	눈물	涙
기자 3級	記者	눕다[－따]<ㅂ>	横になる
김	海苔(のり)	느끼다	感じる
김밥[－빱]	のり巻き	늘	常に、いつも
깊다[깁따]	深い	늘다	伸びる、増える、上達する
까맣다[까마타] 3級	黒い	능력[능녁] 3級	能力
깎다[깍따]	①刈る、削る ②値引きをする	늦다[늗따]	遅れる、遅い
깨다	覚ます、覚める	늦잠[늗짬]	朝寝坊
꼭	必ず、きっと		
꽤 3級	ずいぶん、かなり	ㄷ	
꾸다	(夢を)見る	다녀오다	行ってくる
꿈	夢	다르다<르>	異なっている、違う、別だ
끄다<으>	(電気製品・明かりを)消す	다리②	橋
끊다[끈타]	切る、断つ、(タバコを)やめる	다음 날	次の日、翌日
끓이다 3級	沸かす、(ラーメン・スープを)つくる	다음 해[다으매]	翌年、来年
끝내다[끈내다]	終える	다치다	けがをする
		닦다[닥따]	磨く、拭く
ㄴ		달걀	たまご
나누다	分ける、(話・あいさつを)交わす	달다	甘い
나이	歳、年齢	달라지다	変わっている、変化する
나중에 3級	あとで、後ほど	달력	カレンダー
나타나다	現れる	달리다	①走る ②走らせる
나타내다	表す	담다[－따] 3級	入れる、盛る
날	①日 ②～日	담배	タバコ
날짜	日にち、日取り、日付	답(하)	答え
남기다	残す	대답(하)	返事、答え
남다[－따]	余る、残る	대문(大門) 準2級	門、正門
남성	男性、男	대신(하) 3級	①身代わり、代理 ②代わりに
남쪽	南、南側、南の方	대학원	大学院
낫다[낟따]<ㅅ>	治る	댁(宅)	お宅
낮다	低い	더욱	もっと、さらに、一層
내(에)	～内、～中、～以内	더운물	湯

도	道(行政区域)
도시	都市
도시락	弁当
도와주다	手伝う、助けてやる
도장	ハンコ
도착(하,되)	到着
독서[독써](하)	読書
돌	石
돌다<ㄹ>	回る、巡る、曲がる
돌려주다	返す
돌아가다	曲がっていく、回っていく、帰る、戻る
돌아오다	帰る、戻る
동물	動物
동물원 3級	動物園
동쪽	東、東側、東の方
되다	①なる ②できる ③よい
두다	置く
두부	豆腐
드리다	差し上げる
드시다	召しあがる
듣다[-따]<ㄷ>	①聞く、聴く ②効く
들다①	①持つ ②(手を)上げる ③食べる
들다②	入る
들다③	(お金が)かかる
들리다	聞こえる
들어가다	①(中に)入る、入っていく ②(家に)帰る
들어오다	入ってくる
등	背中
따뜻하다[따뜨타다]	暖かい、温かい
땀	汗
때	時、時間、時期
때문에	～のせいで、～のために
떠나다	出発する、離れる
떡	餅
떡국[-꾹]	トックッ、餅入りスープ
떡볶이[-뽀끼]	トッポッキ
떨어지다	落ちる
또	また、さらに
또는	または
뛰다	走る、跳ねる
뛰어가다	走っていく
뜨다<으>	(目を)開ける
뜻	意味、意志

ㄹ

라디오	ラジオ
라면	ラーメン

ㅁ

마리	～匹
마지막	最後、終わり
마찬가지	同様、同じ
마치다	(が)終わる、(を)終える
마흔	40、40の
만일	万が一
만화[마놔]	漫画
만화가[마놔가]	漫画家
말씀	おことば、お話
말씀드리다	申し上げる、お話する
말씀하시다	おっしゃる
맞다[맏따]	合っている、正しい
맞은편	向かい側
맞추다[맏추다]	合わせる、当てる、あつらえる
매년(=매해)	毎年
매달	毎月
매번(毎番)	毎回
매주	毎週
매우	非常に、とても
맥주(麥酒)[-쭈]	ビール
맵다[-따]<ㅂ>	(唐辛子が)辛い
멋있다[머싣따]	すてきだ、かっこいい
며칠	何日
몇 월[며뒬]	何月
모든	すべての、あらゆる
모르다<르>	わからない、知らない
모양(模様)	形、様子、格好
모으다<으>	集める、貯める
모이다	集まる、貯まる
모자	帽子
모자라다	足りない
목	のど、首
목소리[목쏘리]	声
목욕(하)	沐浴、入浴、風呂
목적[-쩍]	目的
목 캔디	のど飴
무	大根
무겁다[-따]<ㅂ>	重い

무척	非常に、とても
문법 [-뻡] 3級	文法
문자 [-짜]	文字、ショートメール
문장	文章、文
문제	問題
문화 [무놔]	文化
묻다 [-따] <ㄷ>	尋ねる、問う
물건 (物件)	もの、品物
물어보다	尋ねてみる、聞いてみる
미국 (美国)	アメリカ、米国
미용실 3級	美容室
믿다 [-따]	信じる

ㅂ

바꾸다	交換する、変える、両替する
바라보다 3級	眺める、見渡す
바람	風
바로	まっすぐに、すぐ、まさに
바쁘다 <으>	忙しい
반년	半年
– 박 3級	泊
반 3級	班、クラス
반갑다 [-따] <ㅂ>	懐かしい、うれしい
반드시	必ず、きっと
반찬	おかず
발가락 [-까락] 3級	足の指
발음 (하,되)	発音
발전 [-쩐] (하,되)	発展
발표 (하,되)	発表
밝다 [박따]	明るい
밥그릇 [-끄륻]	茶碗
방법	方法
방식 3級	方式
방학 (放学)	(学校の)長期休み
방향	方向
배②	舟、船
배고프다	お腹が空く、空腹だ
배구 (排球)	バレーボール
배부르다	お腹がいっぱいだ
배추	白菜
배편	船便
백화점 [배콰점]	百貨店、デパート
버리다	捨てる

번역 (하,되)	翻訳
번호 [버노]	番号
벌써	すでに、もう
벽	壁
별	星
보리 準2級	麦
보내다②	過ごす
보이다	見える、見せる
보통	普通、普段
복습 [-씁] 3級	復習
뵙다 [-따] <ㅂ>	お目にかかる
부르다 <르>	呼ぶ、歌う
부모 (님)	父母、(ご)両親
부부	夫婦
부엌 [부억]	台所
부인	夫人、奥さん
부장 (님)	部長
부탁 (하,되)	お願い、頼み、依頼
북쪽	北、北側、北の方
불다 <ㄹ>	(風が)吹く
붙다 [붇따]	(試験に)受かる、付く
붙이다 [부치다]	付ける・貼る
비누	石けん
비다	空く、空いている
비밀 3級	秘密
비슷하다 [비스타다]	似ている
빈방	空き部屋
빌리다	借りる
빌려주다	貸す、貸してくれる
빠르다 <르>	早い、速い
빠지다 3級	落ちる、はまる

ㅅ

사건 [-껀] 3級	事件
사고 3級	事故
사랑 (하)	愛、恋
사실	事実、実際、実は
사이	仲、間
사장 (님)	社長
사전	辞典、辞書
사회	社会
상점	商店
상품권 [-꿘] 3級	商品券

새②	新しい〜、新-	시합	試合
새벽 [3級]	早朝、未明、暁	-식 [3級]	〜式
새해	新年	신	履物、靴
색(=색깔)	色、色彩	실력 [準2級]	実力
생기다	生じる、できる	실례(하,되)	失礼
생선(生鮮)	(食べ物としての)魚	싸우다	けんかする、戦う、争う
생활(하)	生活	쌀	米
서다	立つ、とまる	씻다 [씯따]	洗う
서로	お互い、互いに	쓰다 <으>	書く、使う
서른	30、30の	쓰레기 [3級]	ゴミ
서쪽	西、西側、西の方		
석	三(枚など)	**ㅇ**	
선수	選手	아까	さっき
설날 [準2級]	元旦	아니	いいえ、いや
설명(하,되)	説明	아르바이트(=알바)	アルバイト
섬	島	아름답다 [-따] <ㅂ>	美しい
성함(姓銜)	お名前(이름の尊敬語)	아마(도)	おそらく、多分
성격 [-격] [3級]	性格	아무①	何の、いかなる
세다	数える	아무②	誰、誰(も)(〜ない)
세수(하)	洗面、洗顔	아무것 [아무걷]	何、何も(〜ない)
소개(하,되)	紹介	아버님	お父さま
소설	小説	아빠	パパ、父さん、お父ちゃん
소주 [3級]	焼酎	아아	ああ、あっ、おお、わあ
손가락 [-까락]	(手の)指	아줌마	おばさん、おばちゃん
손님	お客さん、お客様	아직	まだ、いまだに、なお
손수건 [-쑤건]	ハンカチ	아직까지	いまだに、まだ、今まで
쇼핑(하)	ショッピング	아직도 [-또]	いまだに、今なお
수	数	아파트	アパート、マンション
수건(=타올)	タオル、手ぬぐい	아흔	90、90の
수고(하)	苦労	알리다	知らせる
수도	首都	알아듣다 [-따] <ㄷ>	聞き取る、理解する
순서	順序	알아보다 [3級]	調べる
숟가락 [-까락]	スプーン、さじ	앞으로	今後、将来
쉬다	休む、中断する	야채	野菜
쉰	50、50の	약①	薬
슈퍼마켓(= 슈퍼)	スーパーマーケット	약②	約、およそ
슬프다 <으>	悲しい	약국 [-꾹]	薬局、薬屋
시	市	약속 [-쏙]	約束
시기 [3級]	時期	약하다 [야카다]	弱い
시내	市内	양복(洋服)	スーツ、背広
시장(하) [3級]	お腹がすくこと	양식 [準2級]	洋式、洋食
시청	市庁	양주	洋酒
시켜 먹다	出前を取る	양쪽	両方、両側

어깨	肩	예산 3級	予算
어둡다[-따]<ㅂ>	暗い	예순	60、60の
어른	大人、目上の人	예습(하) 3級	予習
어리다	幼い、小さい、年若い	예정(하,되)	予定
어린이	子ども、児童	옛날[옌날]	昔
어린이날	こどもの日	오랜만(=오래간만)	久しぶり
어머님	お母さま	오르다<르>	登る、上がる
어서	早く、どうぞ、さあ	오른쪽	右、右側、右の方
어울리다	似合う	오이	キュウリ
어저께	昨日	올라가다	登る、上がる、上京する
어젯밤	昨夜	올라오다	上がってくる、昇る
얻다[-따]	もらう、得る、持つ	올리다	上げる、(式などを)挙げる
얼마나	どれぐらい、どんなに、いくらぐらい	옳다[올타]	正しい、もっともだ
엄마	ママ、母さん、お母ちゃん	올해	今年
업무[엄무] 3級	業務	외국	外国
없이[업씨] 3級	なしに	외국어	外国語
엘리베이터	エレベーター	외국인	外国人
여기저기	あちこち	외우다	覚える、暗記する
여동생(女同生)	妹	왼쪽	左、左側、左の方
여든	80、80の	요즘(=요즈음)	最近、近頃
여러	いろいろな、いくつもの	우선	まず、ともかく、とりあえず
여러 가지	多くの種類、いろいろ	유자차 3級	ゆず茶
여러분	皆さん、皆さま	유튜브	YouTube、ユーチューブ
여성	女性、女	유학(하)	留学
역사[-싸]	歴史	유학생[-쌩]	留学生
역시[-씨]	やはり、やっぱり	유학원(留学院)	留学センター
연극	演劇、芝居	음료수[음뇨수]	飲料水、飲みもの
연락[열락](하)	連絡	은행원	銀行員
연락처[열락처](-処)	連絡先	음반(音盤)	レコード、CD(시디)
연세(年歳)	お年(나이の尊敬語)	음식 3級	飲食
연습(하)	練習	음식점[-쩜] 3級	飲食店
연휴 3級	連休	의견	意見
열리다	開かれる、開く	의미(하)	意味、意義
열심히[열씨미]	熱心に、一生懸命に	의지 3級	意志
영	零、ゼロ	이	歯
영국	英国、イギリス	이것저것[이건쩌건]	あれこれ
영어 회화	英会話	이곳	ここ、当地
영향	影響	이기다	勝つ
예	例	이날	この日
예매(하) 3級	前売り券を買う	이달	今月、この月
예문	例文	이때	この時、その時
예보(하) 3級	予報	이내 3級	以内
예쁘다<으>	きれいだ、かわいい	이념 3級	理念

이런	こんな、このような	자주	しょっちゅう、しばしば
이렇게[이러케]	こんなに、このように	잘못[잘몯]	過ち、間違い、間違って、誤って
이루다 3級	成す、成し遂げる、叶う	잘못하다[잘모타다]	間違う、誤りを犯す
이마	額(ひたい)	잠	眠り
이메일 (＝메일)	Eメール	잠깐(＝잠시)	しばらくの間、しばらく
이번	今回	잡다[-따]	つかまえる、取る、(計画)を立てる
이상	以上	잡수시다	召し上がる
이상하다(異常-)	変だ、おかしい	잡지[-찌]	雑誌
이야기하다	話す、言う	재미없다[-업따]	つまらない、面白くない
이용(하,되)	利用	재미있다[-읻따]	面白い、興味がある
이유	理由、わけ	저	あのう、ええと
이전	以前	저고리	チョゴリ
이제	今、もうすぐ、もう、すでに	저널	ジャーナル
이제부터	これから、今から	저런	あのような
이쪽	こちら、こちら側	저렇게[저러케]	あんなに、あのように
이틀	二日(間)	저쪽	あちら、あちら側
이하	以下	적다[-따]①	少ない
이해(하,되)	理解	적다[-따]② 3級	書き記す、記録する
이후	以降、以後	전	前
인기 [인끼]	人気	전공 3級	専攻、専門
인사(하)	あいさつ	전기 3級	前期
인터넷	インターネット	전달[-딸]	先月
일식[-씩](日式) 準2級	日本料理	전주[-쭈]	先週
일어서다	立ち上がる、立つ	전하다[저나다] 3級	伝える、知らせる
일찍	早く	전혀[저녀]	まったく、全然
일하다	働く	전화번호[저놔버노]	電話番号
일한[이란]	日韓	절대(로)[절때]	絶対(に)
일흔[이른]	70、70の	젊다[점따]	若い
잃다[일타]	なくす、失う、(道に)迷う	점	～点
잃어버리다[이러버리다]	なくす、失う	점심(點心)	昼食
입구[-꾸]	入口	점원 3級	店員
입학[이팍](하)	入学	접시[-씨]	皿、～皿
잊어버리다	忘れてしまう	젓가락[젇까락]	箸
		정년 準2級	定年
ㅈ		정도	程度、くらい、ほど
자	さあ、いざ、さて	정말로	本当に、誠に、間違いなく
자꾸	しきりに、何度も	정하다	決める、定める
자동차	自動車	제목	題目、タイトル、表題
자라다	育つ、成長する、伸びる	제주도	済州島、済州道
자르다<르> 3級	切る、切り離す	조금	少し、ちょっと、やや
자막 3級	字幕	조금도	少しも
자음 3級	子音	조심하다 3級	気をつける
자전거	自転車	졸업(하)	卒業

좀 더	もう少し、もうちょっと	창밖 3級	窓の外
좁다[-따]	狭い	찾아가다	会いに行く、訪ねて行く
주무시다	お休みになる	찾아오다	会いにくる、尋ねてくる
주부	主婦	책방[-빵]	本屋、書店
주소	住所、アドレス	초급	初級
주의(하,되)	注意	초등학교(初等-)	小学校
죽다[-따]	死ぬ	초등학생(初等-)	小学生
준비(하,되)	準備、用意	축하[추카](하)	祝賀、祝う
줄을 서다	並ぶ	출구	出口
중	①中、内 ②〜中で、〜途中	출발(하,되)	出発
중급	中級	출신[출씬]	出身、〜生まれ
중요(하)	重要	치다①	たたく、殴る、(試験を)受ける、(ピアノを)ひく
중학교[-꾜]	中学校	치다② 3級	(試験を)受ける
즐겁다[-따] 3級	楽しい、嬉しい		
지각(하)	遅刻		

지갑	財布	카메라	カメラ
지난번	前回、この前	카레 3級	カレー
지난해[지나내]	昨年	카톡(카카오톡の縮約)	カカオトーク
지내다	過ごす、暮らす	카페	カフェ
지다	負ける、敗れる	칼	ナイフ、包丁、刃物
지도(하)	指導	케이크	ケーキ
지방	地方	켜다	(火、電気製品を)つける
지식	知識	콘서트	コンサート
지키다	守る、保護する	콜라	コーラ
지하철	地下鉄	콧물[콘물]	鼻水
직업	職業	큰길	大通り
직장[-짱] 3級	職場	키	身長、背
진짜	本当(に)、本物		

질문(하)	質問		
짓다[짇따]<ㅅ>	(ご飯を)炊く、建てる、(名前を)つける		

짜다	塩辛い、しょっぱい	타월(=수건)	タオル
찌개	チゲ、鍋料理	탁구[-꾸]	卓球、ピンポン
찍다②[-따]	(ハンコなどを)押す	태어나다 3級	生まれる
		테니스	テニス
		토마토	トマト
		통하다	通じる
		틀리다	違う、間違える

차례[-레]	順番、順序、目次		
차이(差異)	差、違い、ずれ		

차이점(差異点)	違い	파	ねぎ
찬물	冷たい水、お冷	팩스	ファックス
참①	まさに、本当に、実に	페이지	ページ
참②	そういえば、あっ、そうだ	펜	ペン
참으로(=정말로)	本当に、実に、とても	펴다	広げる、(本を)開く
창문(窓門)	窓		

편	〜便	휴가	休暇、休み
편안하다	安らかだ、無事だ	휴일 3級	休日、休み
편의점[펴니점](便宜店)	コンビニ	흐르다〈르〉	流れる
편하다	楽だ、気楽だ、便利だ	흐리다	濁る、曇っている
표(票)(=티켓)	切符、チケット	희다[히다]	白い
풀다〈ㄹ〉	解く、ほどく、ほぐす	흰색	白色
프린터 3級	プリンター	흰머리[힌머리]	白髪
프린트	プリント	힘	力
피곤하다	疲れている	힘들다〈ㄹ〉	つらい、大変だ、骨が折れる
피다	咲く		
피아노	ピアノ		
피우다	(タバコを)吸う		
필수[-쑤] 準2級	必須		
필요(하)	必要		
필수품 準2級	必需品		

ㅎ

하늘	空
하루	一日
하룻밤[하룯빰]	ひと晩、ある晩
하얗다[하야타] 3級	真っ白だ
학기[-끼]	学期
학년[항년]	学年、〜年生
학원 準2級	学院、専門学校、塾
한번	(試しに)一度、一回
한식(韓式) 準2級	韓国料理
한일	韓日
한자[-짜]	漢字
할 수 없다[할쑤업따]	しかたない
함께	一緒に、共に
해외	海外
햄버거	ハンバーガー
형제	兄弟
혹시[-씨]	もしかして、万一
혼자	ひとり、単独で
홈페이지	ホームページ、HP
홍차	紅茶
화가 準2級	画家
회사원	会社員
회화	会話
회의	会議、ミーティング
횟수[휃쑤]	回数
후	後、のち

三訂版　パランセ韓国語 中級
-ハングル能力検定試験 4 級完全準拠-

検印
省略

© 2024 年 1 月 30 日　三訂初版発行

著者　　　　　　　　　　　　　　　　　　　　金京子

発行者　　　　　　　　　　　　　小川　洋一郎
発行所　　　　　　　　　株式会社　朝日出版社
101-0065　東京都千代田区西神田 3-3-5
電話　03-3239-0271/72
振替口座　00140-2-46008
http://www.asahipress.com/
組版 / 剛一　印刷 / 図書印刷